FUN的力量

釋放「快樂」的強大能量，
讓自己輕鬆幸福，成為有趣的人，
整個人活了過來

How to Feel Alive Again

THE POWER OF FUN

如果你習慣享受樂趣，也相信人生就該這麼過，當生活變得無趣時便會有所察覺。我的生活一直以來都充滿樂趣，無法想像該如何度過乏味的人生。反過來說也是如此，如果你的生活向來乏善可陳，想必難以發現事情不太對勁，因爲那已成爲你的習慣。

——麥可．路易士 Michael Lewis[1]

目錄

PART

2

如何享受樂趣　127

前言

你最近一次覺得很開心，是什麼時候呢？

我是認真的在問。請仔細想想，你最近一次全心全意的享受當下，忘了所有煩惱，是多久之前的事？最近一次心情無比輕鬆愉快，不去管他人眼光，內心也沒有批判自己，是什麼時候？你已經有多久沒有感覺到自由自在，真正地活著？

也許是和朋友一起暢快大笑，也許是前往一個新地點探索，也許是嘗試學習新事物，也許小小叛逆脫序一下，要不然就是意外地和某個陌生人談得很不錯。什麼都好。但這些事都有一個同樣的效果：你笑了，真心地。暫時脫離了日常的責任，感覺身心都充飽了電，找回那個能量充沛的自己。

如果你完全想不起來什麼時候有過上述體驗，沒關係，多數成年人都是如此。我常問別人這個問題，大家當下的反應都是沉默不語，因為這個問題不容易回答。我也明白，我也常被各樣責任和待辦事項壓得喘不過氣，只是過日子，卻未曾真正活著。

是兩件事情的發生改變了我。

第一個轉機是女兒的出生。經過了多年的「要不要生小孩」討論，加上一年多的嘗試，我在二〇一四年中懷孕了。我和丈夫並沒有像一般準爸媽那樣做個小規模的家居改造，只是整理整理衣櫥、收起香料架等等。我們反而是把築巢本能發揮極致，在我懷孕期間重新裝修整個廚房，當時是美國東岸一月的寒冬，我們決定打掉廚房重建，還拆了房屋的後牆。

既然我們都熱愛創意發想和管理專案，於是決定自己進行設計。我丈夫花了好幾個小時研究廚房水龍頭，學習不同規格不鏽鋼水槽的消音效果；而我則負責將四處蒐集的古董家具融入廚房擺設，比方說我在過世鄰居家地下室找到一個長度接近四公尺的維多利亞風格帶鏡櫥櫃門（說來話長），用來做成食譜書架兼抽屜式儲藏櫃的立面太完美了。

我也花了好多時間在購物網站上搜尋廚房的裝飾細節，搜尋紀錄有一長串「復古風抽屜把手」、「3×3伊斯特萊克古董門鉸鏈」等關鍵字（到現在我的追蹤清單上都還有這些商品，像是「維多利亞風手杖與仿古橡木鏤空屏風」和「裝飾藝術風老舊鉻合金門栓式指示鎖廁所門」）。

我的肚子一天天隆起，天氣也越來越冷，我們和早已成為好友的承包商開玩笑猜著究竟是廚房先完工，還是寶寶先出生。結果由我贏得這場比賽，並不是他們進度緩慢，是我臨時剖腹早產，比預產期早了五個半星期。後來廚房裝修順利完工，雕飾櫥櫃變身我夢寐以求的儲藏櫃門，我也終於不用再上購物網站到處搜尋了。

但我並未停止。我常在半夜餵女兒喝奶時，像是進入自動模式一樣，不自覺地拿起手機，打開購物網站，一隻手抱著她，另一隻手握住手機，用大拇指操控螢幕。儘管家裡每一扇門都已經裝有門把和鉸鏈，我卻繼續在網站上搜尋古董家具零件，如同大家使用社群媒體時一樣：眼睛盯著螢幕，像是被源源不絕的影像畫面催眠。

有天半夜我又在餵奶，手裡抱著我的寶寶，手機正看著骨董門鉸鏈，視線轉移的一瞬間我和寶寶對到了眼，她盯著我看，臉龐被螢幕的藍光照亮。

新生兒每天要餵那麼多餐，加上當時的我和手機形影不離，這樣的狀況一定發生過無數次。但不知什麼原因，也許是因為我學過正念認知，也許是因為睡眠不足造成了錯覺，那天的情況不太一樣：我彷彿抽離了自己，飄浮在身軀之外，旁觀這整個情景，看著房間裡的動靜——一個嬰兒抬頭望著母親，而她的母親低頭滑著手機。

我對自己感到非常失望。

這一幕就像犯罪現場在我腦海裡揮之不去，怎麼會這樣？花了這麼多時間培養自我覺察的能力，我竟然像個殭屍盯著手機螢幕看個不停（而且還是在看骨董門零件！），完全忽略了抱在手裡的、我的孩子。

我不希望自己女兒對於人際關係的印象是如此，更別說是她和母親的關係；我也不希望以這樣的方式做一個母親，甚至是度過我的一生。

我是個多愁善感的人，可以在正經歷一件事情的當下，就開始懷念這件事，這種特質在我生了小孩之後更加嚴重了。生命稍縱即逝，孩子又長得那麼快，我最不希望的就是因為盯著手機看，錯過了當爸媽的任何體驗（尤其是擁抱孩子的部分）。

那一瞬間我才明白，我的手機無須經過我的覺察或同意，就已掌控了我。每天起床拿起的第一樣東西就是手機，晚上睡前使用的最後一樣物品也是手機；只要一有空檔我就會拿起手機，不論是坐公車、搭電梯或是躺在床上，隨時都帶著它。

在我身上也發生了一些改變，而且仔細想想，這些改變和手機都有關聯。首先是我的注意力變短了，幾乎無法專心看完一篇雜誌文章，文章看一看就會忍不住想拿起手機查看其他內容（真的，我什麼都看）。我花在與朋友傳訊息的時間，遠比實際和他們談話更多；我經常會做一些沒意義的舉動，像是把各種骨董門鉸鏈加到「我的最愛」，或是明明沒有搬家的打算卻瀏覽著新建案。

以前拿來專心做某些事的時間，像是練習演奏樂器、學習新技能、與我丈夫相處（不是兩人同在一室卻各自滑手機），現在都變成盯著螢幕了。我從一個有趣、有好奇心、有獨立見解的人，變成了一個被這小小長方形物體催眠的人，而且長方體裡頭的這些應用程式都是由大企業設計，目的是讓我花費大把青春在上面，好讓大企業獲利。

我並不是在說科技是邪惡的，該把手機和平板通通丟到河裡去。有時候我們在使用這些產品時，可以產生不錯的成效，而且是必要的、令人愉悅的，使我們暫時從現實生活抽離，讓自己放鬆。問題在於我們未能有效控制這些產品的使用，讓手機佔據我們的生活，使我們的心智迷失方向，無法專心。人類社會的本質，因為手機開始產生改變。

現在，手機正式入侵了最神聖的領域：我和我女兒的關係。這可不行！我不願意心不在焉、渾渾噩噩地度過每一天，更不願意滑著手機裡「3×3伊斯特萊克古董門鉸鏈」的廣告信，錯過女兒的童年，過完我的人生。

我想真正活在當下。這代表我需要做出改變，越快越好。

我和丈夫絕不是在手機裡迷失自我的少數，只是當時還不太有人注意到手機的問題。

當我越常將視線從手機移開，看看周遭的世界，「迷失在手機裡」這個現象就越令我感到憂心（試試看，你也會有同樣的感受）。

我曾見過有人在高速公路上用超過一百一十公里的時速開車，同時在手機上打著字，車上還載著他們的小孩；我見過全家一起坐在餐廳裡吃飯，每個人卻都埋頭盯著各自的電子產品；每當和親朋好友見面互動時，總有人會突然拿出手機看一下螢幕，再放回口袋裡或桌面上。我還看過有個人搭電梯時在手機上看起電影，但他只搭到二樓。我感覺自己好像身處現代版《國王的新衣》故事裡——所有人都表現出手機成癮的行為，但我們告訴自己這一切都很正常，原因是我們每個人都是受害者。

雖然有不少書籍警告，每天長時間接收網路資訊的刺激可能對身心帶來負面影響，卻沒有人能夠提出解決方案。於是就在我與女兒心靈相通的那一夜，我很快就著手撰寫《和手機分手的智慧》（*How to Break Up With Your Phone*）一書，關於我們該如何（以及為何必須）與科技維持更加健康的關係。寫那本書的原因就是想找回自己對於電子產品的主控權，並幫助他人也能做到。

我設計出一個能讓我們與手機擁有更加健康且長遠關係的計畫，並且親身實踐。成果雖然稱不上完美，但帶來的改變已經非常明顯，我成功找回自己的專注力，思考變得靈活，壓力減輕了，和丈夫、小孩相處時也更能享受當下。與科技產品建立界線讓我找回屬於自己、不受干擾的時光，重新掌控自己的生活。

而這些，與後來促使我寫出本書的第二個轉機有關。

我進行了一項計畫，我和丈夫每個禮拜會有一天暫時遠離電子產品，亦即每週五晚上到週六晚上，我們整整二十四小時完全不碰任何螢幕，很像是猶太教的安息日。這個做法對於時間利用的成效，多次令我們驚艷——不只感覺時間突然變多了，對於時間流逝的感受也慢了下來。我們不再任由自己的時間被螢幕綁架，而是自己決定如何安排時間；少了五花八門的應用程式令我們分心，每天好像有不只二十四個小時，可以拿來盡情做我們真正喜歡的事情。

只是有個問題：我不知道自己真正喜歡的事情是什麼。「和手機分手」終究只是第一步，想要重新主宰自己的生活，我必須教會自己如何真正地活著。

二〇一七年初一個寒冷的星期六早晨，正在進行手機安息日的我坐在客廳沙發上，女兒正在小睡，丈夫出門跑腿。這本該是一個育嬰初期過程的美好時刻：我獨自一人，四周安靜無聲，至少還有一個小時的空檔，我想怎樣度過都行。我想要找件事來做，卻完全沒有想法：我現在不想閱讀，還沒到吃飯時間，身邊沒有人可以和我聊天——我的腦袋一片空白。

天啊，我在心裡驚嘆著，開始了我無聊時最常做的事：杞人憂天。我想：難道我就這樣繼續坐著，坐到天黑，坐到晚餐時間。這……根本就是在等死啊。

那陣子我正在閱讀《做自己的生命設計師》（*Designing Your Life*）這本書，兩位作者是史丹佛大學教授，他們用設計的原理幫助讀者打造「精彩而美滿的人生」，書中有個練習很可能就是我突然對人生感到絕望的原因。

在那個練習中，要讀者評估自己在愛、工作、健康、玩樂四個象限的狀態，以便決定生活中哪些部分需要改善。於是我馬上拿出筆來開始作答。愛、健康、工作，這三個象限我都幾乎滿分；玩樂呢？作者的定義是「只是單純去做就會感到開心的活動」，我想不出任何符合定義的活動。假如我是一輛汽車的話，那麼我的「玩樂」項目油表應該正指著代表沒油的「E」吧。

遠離電子產品之後有個好處，就是能讓自己靜下心來，給大腦喘息的空間，也會激發新想法。那天我坐在沙發上細想我那空空如也的玩樂油箱，又想到人總有一死。於是我自問：有沒有哪件事，你一直以來都想做，但總是沒有時間？這個問題背後的概念是，雖然我們永遠覺得時間不夠用，每天卻都花了不少時間（甚至數個小時）滑手機。我們其實都有時間，只需要想清楚究竟該如何運用它。

我想到的第一個答案便是「彈吉他」。我五歲起學鋼琴，大學時買了一把吉他當生日禮物（感謝祖母贊助，我和她很親，她也會彈吉他）。我彈過幾次，但它已經躺在盒子裡好多年，塞進衣櫥裡，堆積了厚厚的灰塵和我的歉疚。

這又讓我想起另一件事：上次看到的吉他課傳單。

那張傳單介紹的其實是兒童音樂課，上面寫著「小小碧昂絲」，我很感興趣，於是就上網查了那間音樂教室的資訊。音樂教室的老闆叫約翰，廣受費城一帶家長的喜愛，因為他的課程不教兒歌，而是每週以艾莉西亞・凱斯（Alicia Keyes）、大衛・鮑伊（David Bowie）等大牌歌手的歌曲作為主題。瀏覽網站的時候我發現有一區是「成人課程」，原來他們也有開設成人的初級吉他課，這勾起了我的好奇心，但當時我並沒有馬上行動（可能是因為瀏覽器上的其他分頁轉移了我的注意力）。不過這一次我充滿了動力，於是隔天手機安息日結束後，我就報名了。

一開始我很緊張，我是中途才加入課程的，而且大概只會彈三個和弦。後來發現這堂每週三晚上在舞蹈教室進行的成人吉他課其實氣氛很輕鬆，同學多半也是家長，難得有一個半小時可以擺脫小孩與其他成人互動，享受我們都喜愛的音樂。

輕鬆之餘，我們還是有認真學習彈奏吉他，不久之後我就有信心可以在營火晚會表演自彈自唱。這堂吉他課讓我找回了一個嗜好，練習時更常常體驗到學會新技能的成就感。我還為我的問題找到了解答：現在每當一有空閒時間，我不再只是滑手機或感到絕望，而是拿起吉他開始練習。

這樣的改變已經值回票價，但我發現成效不只如此。在上吉他課時我感到十分專注，活力充沛，與平常工作時的狀態很不一樣。上課的時間也過得特別快，每週結束時我都不敢相信九十分鐘已經過去了。那是拋開肩上所有責任的一個半小時，不需要照顧任何人，只要關注我自己。

我的肩膀變得比較放鬆，呼吸較為平緩，心情提升了不少，同時也覺得更加輕鬆。當時我還不太認識其他同學，後來我們漸漸會一起出去喝兩杯，但對他們的認識也僅止於他們在哪裡上班。可是在課堂中一起彈奏吉他時，我卻覺得和大家有種奇妙的連結，我們彷彿建立起一個私密的社群，不受外界打擾。上吉他課和生活中大多數事情最大的不同在於，吉他課並沒有什麼特定的目的，唯一的目的就是學習彈吉他，並樂在其中。

這種快樂令人陶醉，卻也讓我困惑。學會了如何按好封閉和弦的那份成就感，並不足以解釋我為何那麼喜歡吉他課，為何每次結束後都會有一種異常興奮的感覺。禮拜三晚上很快就變成我一週的亮點，回家後總會覺得神清氣爽、活力充沛。

更神奇的是，這堂課總像一劑強心針，讓我在往後幾天精神特別振奮。在丈夫身邊我變得淘氣，陪伴女兒時也更加專心；我不再對自己的責任感到厭煩，也不會為因為有一大串待辦事項而感到壓力山大。找到一樣新嗜好是很棒的事，同時也為我注入新的能量，點亮了內心早已黯淡的角落。越是感受到這股能量，我就越加覺得自己需要它。

這種感受究竟是什麼？明明很熟悉，我卻認不出它。

有天我終於想通了：我是在玩樂。

這不是我們一般提到的普通「玩樂」。我說的玩樂不一樣，威力更強大，更令人振奮。我把這種玩樂稱之為**「真正的樂趣」（True Fun）**。我開始全力探究這種感受，如果我能辨識出哪些要素可以帶來「真正的樂趣」，我就可以讓真正的樂趣不只是偶然發生，而是能進一步加以控制（我現在明白，缺乏真正的樂趣，就是當時坐在沙發上的我，經歷那場存在焦慮的原因）。

我的第一步是先回想看看，過去人生中哪些時刻我曾體驗過真正的樂趣。我想起和丈夫一起去新罕布夏參加搖擺舞夏令營，一連五天的音樂和舞蹈，從早上持續到凌晨。我平時十點半就已經入眠，但在營隊裡每天我都異常興奮，玩到半夜還捨不得睡，最後一天甚至凌晨四點才上床睡覺。

有次一場婚禮結束後，我們一群朋友擠上車子，一路大聲唱著《波希米亞狂想曲》（Bohemian Rhapsody）回家。

還有大學畢業後騎腳踏車橫越美國的那場旅行，和一群同學穿著緊身運動衣，花了六十三天從康乃狄克一路騎到舊金山，為國際仁人家園（Habitat for Humanity）募款及聲援。每天我們都會騎上六十到一百多英里，晚上睡在地上或教堂的長椅上，常常在凌晨四點半起床，趕在夏季烈日出現前就先上路。這趟旅行對體力負擔極大，最難忘的就是看著壯觀的洛磯山脈，意識到自己必須靠大腿的力量橫越它。

這趟旅程也讓我們這群朋友朝夕相處，長達兩個月。當時還沒有智慧型手機，沒在騎車的時間我們就自己找樂子，談天說笑，玩自己發明的遊戲，逛嘉年華會。雖然充滿挑戰，那個夏天是我人生最棒的經歷之一，每天我都在開心大笑。當時的感覺和上吉他課很相似，拋開煩惱，整個人活了過來。

我繼續想著，更多回憶湧入腦海中，身旁的人和當下的情境不同，但都有同樣感覺。

我和丈夫一起經歷許多次真正的樂趣，和親近的朋友相處時也經常會有；不過我也曾在與陌生人相處時體驗到，與一些熟人在一起時則幾乎不會發生。

一開始我以為，所謂「真正的樂趣」，來自於我做了什麼（從事的活動），像是彈吉他、跳舞、唱歌、騎腳踏車等，這些我都喜歡，或許該更常去做。

但這光用想的就很累人，況且我也常在做這些事情的時候，卻沒有感受到同樣的喜悅。很多時候我獨自聽音樂或騎腳踏車時沒有體會到真正的樂趣，有時參加的舞蹈課也十分尷尬；我也常在開車的時候唱歌，卻沒有一面唱一面笑到肚子都痛了。

換個角度說，有些看似不太舒服、沒那麼開心，甚至平凡無奇的經歷，卻能產生「真正的樂趣」，成為我最寶貴的回憶。例如有次在休假日和一群朋友困在外面，晚上只能睡在不知名小鎮廣場的地上；午後在草地上玩飛盤；或是在初中教數學時，學生做了一些傻事讓我開懷大笑。

真正的樂趣效果驚人且容易辨認，無論當下的情境為何：它像閃電，原先便存在空氣中的一股電流，經由正確的導引而釋放強大的能量。當我感受到真正的樂趣，那股電流便穿過全身，留下充飽了電、精力充沛的我。

我發現，**「真正的樂趣」**有幾個特點：**是專注享受當下、拋開自我批判與懷疑；是完全投入所從事的活動且不計較成果；是志同道合、開懷大笑；是放下執著的幸福灑脫。**當我們享受真正的樂趣時，我們不再孤單焦慮，不再心神不寧或自我懷疑；我們對這些時刻難以忘懷是有原因的，因為它讓我們感覺真正地活著。

人們購買電視或新車這些「有趣」的東西，看「有趣」的表演，在社群媒體貼滿照片，證明自己過得「有趣」極了。乍看之下大家的生活精彩無比，充滿歡樂。

但我發現大家都誤會了「樂趣」的真正意涵。我們為了「享樂」所做的許多事情，其實一點都不有趣。社會大眾將閒暇時間都花在經過行銷手段包裝的活動和商品上，這些東西人們得經過長時間工作才能負擔得起，最後卻毫無收穫，只是白費光陰——這種情況我稱之為**「偽樂趣」（Fake Fun）**，例如熬夜追劇到雙眼無神，購買一堆用不到的東西，或是在社群媒體逛上好幾個小時（在新冠疫情期間這個現象特別嚴重，許多能產生真正樂趣的活動都因為大規模封城和社交距離規範被迫停止）。**當我們做著那些產生偽樂趣的活動，會使我們的心智麻木，留給我們的只有空虛；而真正的樂趣則能滋養心靈，讓我們感到精力充沛。**

當然，唯有在生存的基本需求都滿足後，我們才有餘力專心追求真正的樂趣。這些先決條件包含食物、住所、充分的休息和人身安全等，因此像是貧窮、疾病或就業問題等許多情況都可能使得追求樂趣困難重重。話雖如此，真正的樂趣並不是限定少數人才能享有，我們也無須經歷一番爭奪之後才能享有。真正的樂趣並不是專供少數權貴人士使用的稀缺資源。

我們很容易就會掉進追求物質享受的陷阱中，相信只要變得更有錢，生活就會更快樂。但這些都是假的。金錢看似無所不能，真正的樂趣卻不必用錢財換取。我所做出的一些改變固然需要花錢（例如上吉他課），但許多事情都是完全免費的，有些還能為我節省開銷——當你發現購買更多東西不能帶來樂趣，就會買得更少。

為了找到真正的樂趣，我們也無須大費周章培養新嗜好。已經很充實的生活不需要再塞進更多事情，事實上享受真正樂趣的第一步應該是讓自己不要那麼忙，才能騰出空

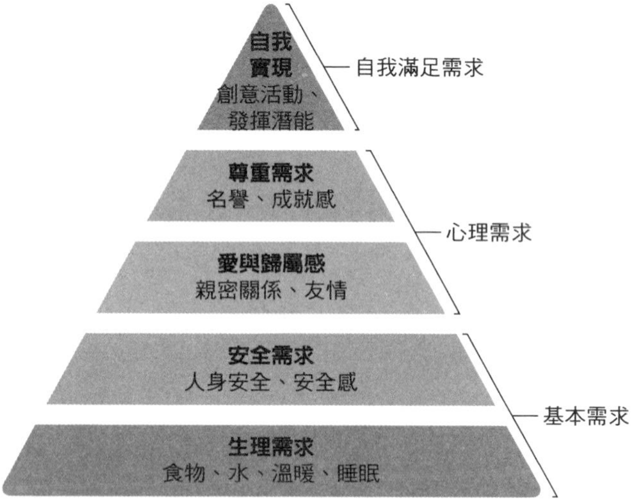

間來，更有效地利用時間。

有人可能會說，自己太焦慮、太沮喪，因此無法體會真正的樂趣。這也很合理，過去十年全世界受憂鬱和焦慮所困擾的人口比例大幅上升，很多人長期感到空虛、孤單、厭倦、萎靡不振。

可是我認為，這當中許多案例都混淆了感受的結果與成因：我們感到痛苦，是因為未能享受足夠的樂趣（當然，嚴重的憂鬱等情況需要專業醫療的介入。我相信，日常的萎靡、厭倦可以透過「樂趣」這個有效的工具加以處理）。

當我看著馬斯洛的需求層次金字塔（如上圖），這個著名的理論將人類的需求分為五個層次，我發現一件有趣的事情。最底下兩層就是我前面提過的基本需求，充足的食物、水源、溫暖、睡眠、保護和安全，滿足這些才能體驗真正的樂趣。而上面的三層，即友情和親密關係、培養自尊及發揮潛能（心理學家所謂的「心盛」flourishing），則通通可以透過真正的樂趣達到。換句話說，真正的樂趣並不只是我們建立社交連結、擁有自信或實現自我的產物，而可以是讓我們做到這些的原因。

當我決定把上吉他課時的經歷命名為「真正的樂趣」，我也有了更多疑問。我們平常所說的「享樂」，和真正的樂趣有何不同？為什麼有些事情，特別是和網路或手機有關的，一開始都非常「好玩」，最後卻讓我感覺身心俱疲？要感受真正的樂趣，究竟需具備哪些條件？要怎麼做才能更常擁有這種體驗？

為這些疑問找尋答案的過程，最終帶我找到不同以往的生活方式。

我發現，雖然經歷真正的樂趣時，我的體驗經常包含特定的活動、場景或朋友，但它的發生卻不是取決於這些人事物。這點很重要，因為人們常會將「享受樂趣」和「興趣愛好」混為一談，誤以為如果想要過得更開心，就該拋開責任、在行事曆中安排更多投入嗜好的時光。

嗜好和娛樂很棒，值得我們花時間去做，原因之一便是過程中可能產生真正的樂趣。我相信每個人都能找到一種活動，只要和對的人一起從事，在對的情境下，就會像磁鐵一樣吸引真正的樂趣。

但這並非必然，好比也許你熱愛下廚，舉辦晚餐派對時感到很開心，但我們都了解有些晚餐派對就是特別好玩，這和桌上的菜餚美不美味其實關係不大。

我們也都曾在生活中芝麻蒜皮的小事當中，體會過真正的樂趣——和朋友共進晚餐時沒來由地笑個不停，或是那些很難事後對他人描述、只能說「真希望你當時也在場，你就會明白了」的事情。真正的樂趣，是魔法般的體驗。

在某種程度來說確實是種魔法：真正的樂趣是無法勉強的。

不過在尋找的過程中，我發現我們對於真正樂趣的掌握或許大於我們的認知，而且每個人都有能力可以創造更多。

所有努力絕對是值得的。

真正的樂趣對於你的心理狀態具有神奇的療效，**使我們可以與他人連結，停止了自**

我批判，並且真正活在當下。如果你願意付出心力了解真正的樂趣，以及它所帶給你的感受，認識什麼樣的情境最能讓它發生在自己身上，你將會對時間及注意力的分配做出更明智的判斷，長期來說影響非常深遠。

真正的樂趣能滋養心靈，讓我們具有更強大的毅力與同情心。它能連結社群關係，減少仇恨對立，富有真正樂趣的生活能夠增進創意與效率，使我們成為更棒且更快樂的伴侶、家長、員工及朋友。

真正的樂趣幫助我們保持健康，讓我們起身活動、拋開雜念、擁抱世界。真正的樂趣越多，心理壓力就越少，長期下來所有因壓力導致的心血管疾病風險將會降低，包括心臟病、中風、肥胖、第二型糖尿病、失智症等。

追尋真正的樂趣讓我們忠於自我，不再浪費時間在盲目的雜念和空洞的目標上，把時間留給對我們有意義、帶給我們快樂的人、體驗和活動。

最棒的事情是，充滿真正樂趣的生活，真是有趣極了！和多數自我精進的計畫不同，真正樂趣的生活不須磨練意志力，不需克制慾望追求遙遠的目標，在生活中創造更多的樂趣反而可以讓你倍感雀躍，且現在就能開始享受。這就像是某種節食，唯一的要求就是吃更多你愛的食物。

這讓我感到格外惋惜。許多人一想到追尋樂趣，特別是追求自己的快樂，只會覺得這樣會顯得自己很膚淺、放縱，甚至幼稚不成熟。我們往往只專注在那些看似崇高、嚴肅的目標上，像是追求生命的意義、追求幸福、財富、健康等。

我們為了這些「崇高」的目標不惜走火入魔，閱讀自我成長書籍、做心理諮商、吃抗憂鬱藥、控制飲食、運動流汗……如果再加上成年人生活中需要履行的種種義務——上班工作、繳稅、打掃、照顧小孩，人們自然無暇顧及生活的樂趣。大家都喜歡真正的樂趣，但在事情的先後順序上，它卻往往排在最後。

追求享樂並不膚淺，相反地，真正的樂趣還能幫助我們達成上述那些崇高的目標。它會引領我們過著更加健康、更愉悅且令人滿意的生活，因此真正的樂趣並非可有可無，也不該是有空才去思考，而是為生活引領方向的指標。

假設我們的基本需求都不致匱乏，所有人都有機會享受真正的樂趣，那麼我們只需要更加了解樂趣產生的要素，接著主動創造容易使其發生的情境。事實上，比起歡樂、喜悅、幸福這些難以捉摸的正面感受，真正的樂趣更加具體且實際。它很想一躍而起，和我們在泥濘裡玩耍，和我們一起去爬山、喝啤酒，或是做任何能讓我們感受樂趣的事情。它比我們所想的容易發生，就在那裡等著我們，只需要專注地用心去感受。

我花了好幾年的時間，找出創造真正樂趣的確切步驟，我想和你們分享我的發現。本書第一部份當中，我們將先談談真正的樂趣究竟是什麼，了解它的定義。接著我們會探討為什麼我們極少有「真正活著」的感覺，直白地說就是為什麼我們的內心有如一灘死水。然後我們會討論真正的樂趣背後有哪些科學因素，它為什麼對我們有那麼神奇的作用，不只是轉換心情，改善長期身心健康，還能讓我們的人生如花朵盛放。

接著就是好玩的部分了，充分說明之後，本書的第二部份告訴你該如何創造更多真正的樂趣。我會解釋真正的樂趣發生時該如何分辨，以及該怎麼區別真正的樂趣和它邪惡的分身「偽樂趣」，幫助你審視自己最近感受多少真正的樂趣，並找出專屬於你的「樂趣磁鐵」（Fun Magnets）和「樂趣元素」（Fun Factors），也就是真正的樂趣產生當下，會有哪些人物、活動和場景（以及它們的特性）。我們還將使用一個我發明的簡易

「SPARK」步驟，運用五種簡單、具體的技巧，在生活中激發更多樂趣，打造一個可永續發展的長期計劃在未來持續執行。

我並不保證只要照著我的方法做，生活中就會有源源不絕的歡樂，我也不覺得這應該是我們的最終目標，因為即使再歡樂的人生，也不可能永遠沒有各式各樣的其他感受。但只要擁有真正的樂趣，你會變得更加愉悅、更加健康，也更能勇於面對生命的挑戰。當你越常微笑、越常大笑，就越能感覺自己真真切切地活著。

這也是整本書的核心重點：如何真正的活著。

這本書的重點在於幫助我們在短暫的人生中保持清醒、把握當下。我的目標是運用所學幫助你建立無比豐盛、無比活躍、充滿真正樂趣的人生，希望下次當我問起最近的生活是否有趣，你會滔滔不絕地說個不停。

PART

1

樂趣認真談

Fun, Seriously

第1章
什麼是樂趣？

要搞懂樂趣是什麼，可不是件簡單的趣事。

——I．C．麥克麥納斯（I. C. McManus）與阿德里安．弗爾納姆（Adrian Furnham）《好玩好玩眞好玩：樂趣的種類、享樂的態度、玩樂和人格特質及先天條件之關係》[2]

我剛開始想要思考真正樂趣的本質，以及如何創造更多真正的樂趣，首先遇到的問題就是該如何定義「真正的樂趣」。我很確定，要形容我在吉他課所經歷的那種強烈的感覺，最適切的用詞就是「樂趣」。但我也注意到，「樂趣」這個概念一直出現在各種不同的情境中。

例如我們會用「好玩」泛指一切與工作無關的活動，做這些事情「純屬好玩」（for fun）。但這種說法有點像是反面的形容，它不看事情本身的性質有沒有趣，只要是「與工作無關」的事情就通通歸類為有趣的事。後面我們還會談到，那些我們為了「製造樂趣」而做的事情，從動態的與朋友相處到靜態的坐著看電視，它們帶給我們的能量多寡天差地遠。

我們也會用「開心玩樂」來描述那些能讓我們感到開心的事情，這種狀況下我們會說「玩得開心」（have fun），像是「我去野餐，玩得真開心」。然而很多時候我們只是隨口說出，並不真的這麼想。在和朋友狂歡整晚後，還有在很無聊的晚餐派對後，我都曾隨口說過「今天真開心」。

「樂趣」可以拿來形容人生各種經驗與情緒，但我們若說樂趣是改變人生的力量，好像太誇張了點。這並不能怪樂趣本身，是我們隨意濫用這個詞（雖然並非有意）才讓它變得廉價。我們必須更精準衡量使用這個詞語的時機與場合，才能真正掌握樂趣的力量。

不過，要為「樂趣」下一個精準的定義，意外地是件困難的事。

牛津大學出版社將樂趣（fun）定義為「享受、娛樂、輕快的樂事」[3]，但這個字也可以用來指那些不必太認真看待的事情（「只是隨便玩玩」），或是嘲諷某事、開某人玩笑，即「取笑」（樂趣的英文「fun」來自古英文的「fon」，原意是指「愚弄、犯傻」，也是 fond 偏好、喜愛這個詞的來源——這便點出了我們所定義的樂趣，絕不包含嘲弄他人，而是要讓在場的所有人都覺得開心）。而另一個用法「funny」意思為「古怪可笑的」，用來指那些娛樂我們或令我們覺得好笑的事物。

在網路上搜尋關鍵字「如何讓生活充滿樂趣」，你就會發現更多我們濫用這個詞語的證據。美國有線電視新聞網CNN的享樂清單建議人們「烤一隻火雞」或者睡飽一點，還可以「築一座祭壇悼念過世的親友」，或是看一部氣候變遷紀錄片[4]。《簡單生活》雜誌（*Real Simple*）則建議讀者「烤肉桂小圓餅」，或是「開學時發給大家可愛的筆記本和文具」，還有「用葫蘆裝飾餐桌」[5]，我發誓清單上真的是這樣寫的。

我們經常使用這個詞語，它也適用許多不同的情境，你可能會以為，既然學者喜歡探討「幸福」、「喜悅」這類抽象而模糊的概念，自然也會喜歡討論「樂趣」的定義。然而這個主題事實上卻是乏人問津——或許是因為「樂趣」的涵意很模糊，顯得這個主題太輕了。學界在這方面的研究都圍繞著「玩樂」（play），與樂趣（fun）較無關聯，也往往將其排除在外。

荷蘭歷史學家約翰・赫伊津哈（Johan Huizinga）在一九三七年出版的著作《遊戲人》（*Homo Ludens*）對於玩樂的概念有很深刻的探討，書名在拉丁文中的意思是「遊戲者」。

赫伊津哈認為樂趣（fun）是「生活中的第一優先，刻在人類骨子裡的生物本能[6]」，我們都清楚樂趣是怎樣的感受，換句話說，人類天生就會想要找尋樂趣。而他也寫道，「樂趣不喜歡一切理性的分析與解釋，樂趣的概念無法與任何一種心理狀態混為一談，據我所知現代語言中也沒有任何詞語的涵義可以完全等同英文中的『樂趣』（fun）一詞」。

歷史學家布魯斯．丹尼爾（Bruce C. Daniel）在他的著作《清教徒之樂》中也將這種現象生動刻劃，他表示要想定義樂趣，其難以描述的程度「令人抓狂[7]」。對於樂趣的概念缺乏明確定義，加上樂趣不值得深入探究的既定印象，說明了人們為什麼向來很少真正去研究樂趣在生理或心理上的影響。

二〇一七年出版的一篇論文是我所能找到的少數文獻，主要是研究樂趣的整體概念。當中寫道，「研究樂趣所帶來的影響的論文為數不多」，也指出「『樂趣』這個主題在現存關於情緒或社會心理學的教科書及手冊書籍中幾乎不存在[8]」。另一篇論文也提到相同的現象，「關於樂趣的心理學文獻非常少見」，且「心理學家發現有些主題從未被認真研究過」，樂趣當然包含在其中[9]。

至於生理上的影響，具體且相關的研究少之又少，當我在由美國國家醫學圖書館（National Library of Medicine）管理的生物醫學文獻搜尋引擎 PubMed 資料庫中搜尋 fun

這個關鍵字，最先顯示的其中一筆資料竟然是叫做〈讓真菌（fungi）變得有趣（fun）：細談腳趾甲甲癬〉的論文[10]。

這顯然不是我鼓勵大家追求的樂趣。

由於缺乏相關學術資源，我只好自己定義本書所使用的一些術語，首先便是「真正的樂趣」（True Fun）。我這樣稱呼是為了將我在吉他課所感受的喜悅，與平時所說的那種「好玩」區分開來（更別說是腳趾甲甲癬了）。我也要特別強調，真正的樂趣不需要靠「做特定事情」才能產生，不必參加那些沒意義的聚會或者學習玩匹克球，也能享受更多真正的樂趣。

有了「真正的樂趣」這個名稱之後，我還需要給它一個言簡意賅的定義，畢竟我可不能長篇大論之後丟下一句「親身感受過你就會明白」。

正向心理學致力增進人類對自身的了解，我試著從這個學派的角度分析自己的經驗，找出體驗真正樂趣的決定性要素。

為了確保我的分析放諸四海皆準，而非只限於我的個人經驗，我也召集了一個「樂趣小組」（Fun Squad），成員包括一千五百位遍佈全球的自願者，請他們分享自己對樂趣的定義，並用一個月的時間親身測試我的提案。樂趣小組的成員從青少年到退休族群都有，收入與教育程度大不同，有些單身、有些已婚，大約有一半的人有子女。成員的職業包含學生、教師、律師、家管、平面設計師、軟體工程師、科學家、醫療人員、金融分析師、作家、接待人員、顧問等；居住在美國各地並遍及瑞典、南非、印度、巴林等世界各國。

收集完大家的基本資料後（我沒有給出「樂趣的定義」的標準答案），我請成員描述三個享受過真正樂趣的時刻，並寫下他們當時幾歲、在做什麼、和誰一起（我建議讀者們也自己試試看）。問卷的敘述是「別擔心你的經驗聽起來微不足道，重點是這個經驗確實有帶給你樂趣，如果被問到當時的感受，你會說：真是有趣『極了』」。

接著我請大家描述一個充滿樂趣的活動或經驗，是他們未來會想舉辦或參與的[11]，做什麼事情、和誰一起（或獨自一人）、地點為何、以及為什麼這件事充滿樂趣。

然後我問他們前面提到的那四件事情，相較於一般人會覺得開心、放鬆、享受、滿足，有意義的經驗和活動，有什麼不同。

大家的答案非常有意思。經歷真正的樂趣，並不僅限於童年或成年初期，有些甚至是他們前兩天才經歷的事（請注意，大家可是在全球疫情大流行期間填寫這份問卷的）。最令我驚訝的是，即便我尚未提出真正樂趣的定義，小組計畫的參與者對於我所指的「有趣極了」的感受，似乎都很懂。

以下是一些回覆的案例：

我一邊打鼓，我丈夫彈吉他、十五歲的兒子彈低音吉他、九歲的兒子彈鍵盤，大家一起合奏。這套鼓是我四十九歲的生日禮物，我在地下室練習時，我們全家人會放下手邊的事情，拿起樂器和我一起彈奏。我透過打鼓與家人維繫感情，並在這個過程中感受到滿滿的樂趣，我們話都不多，經由音樂得以互相溝通，在演奏完一首歌後我們總會笑出聲來。我們的技巧還不夠純熟，但還是會繼續演奏……這件事情帶給我莫大的喜悅和歡樂，我以前沒想到，人到中年爲了「自己」開始學打鼓，竟能成爲如此好玩、愉悅，讓全家人關係更加緊密的契機。

我想到的第一件事就是泥巴穿過腳趾縫的感覺，走在泥濘地上很好玩（又很噁心），我不確定最近一次是什麼時候，應該是讀高中時，有天和好友瑪格莉特走在某條街上；濕沙穿過趾縫間很舒服，腳趾沾滿泥巴有趣多了。

我參加過一場哈哈笑工作坊，現場沒有熟人，但大家一起做些愚蠢的事，像是扮演猴子和彼此打招呼，我當時六十歲，眞的是非常有趣的經驗。

七十五歲那年姊姊和姊夫去郊區的房子度假時，我在姐姐家的陽台參加了一個爲期兩週的線上繪畫馬拉松，陪伴我的只有繪畫用具和電腦，在夕陽裡聽著風吹過的聲音和曼哈頓西側高速公路的車流聲，專注在看似不可能完成的任務中帶給我許多樂趣。

舞蹈課。想不到每週五早上和一群老太太在教堂的大堂跳舞，竟能爲我帶來這麼多樂趣。我四十一歲那年加入舞蹈課，現在四十六歲了，我常是班上最年輕的那一個。我們跳舞的時候會想像自己有尾巴（艷麗的孔雀羽毛或毛茸茸的兔子尾巴），在池中沐浴、撥弄雲朵、學鳥兒叫、伸手抓空氣、假裝雙腳陷進棉花糖裡……眞的是非常有趣。

和一隻笨笨的、活力充沛的狗玩你丟我撿，這是上週末的事，我三十二歲。

我國中的時候，和媽媽把我的房間改造成一個巴黎風粉紅小窩，住進去的第一晚我們辦了一場睡衣派對，穿上華麗的睡袍，吃著精緻的餅乾，只准用英式腔調聊天……整個晚上我們都爲自己愚蠢的舉動笑個不停。

二十歲那年我在西伯利亞北部待了一個月，那時蘇聯還沒瓦解，封閉的小鎮從沒有任何西方人到訪過，夏季的永晝裡我和一群世界各國的大學生來到這裡擔任環保志工。某個週末我們拜訪當地的兒童夏令營，花了一整天唱歌、遊戲、在池塘裡玩水；我不會說他們的語言，沒有翻譯協助他們也聽不懂我們說話，我此生最純粹的快樂就發生在那一天——一百位兒童最原始、深刻的創造力，以眞摯、單純、歌聲和童趣，邀請我們走進他們的世界，我忘卻了自己是誰，只爲那個當下活著。聽起來好像是瞬間的轉變（我未曾這樣過），太難用言語形容了，但那一天已經深深刻在我的腦海裡，沒有更好的方式可以描述，那眞的是太有趣了。是當下的歡笑、創意、享受漫長夏日，除了食物和音樂別無所需，所有的感受加總在一起，喚醒了靈魂裡的純眞，樂趣自此油然而生。

看看他們，我說得沒錯吧？

有些情節發生在大自然中，有些有音樂陪襯，有些是動態活動，有些充滿創意、新奇或傻氣；有些事件有好友陪伴，有些身旁則是陌生人。這些事，或許情節內容不同，但感受到的能量都同樣強烈：愉快、感動、輕鬆、踏實、興奮，這些情緒的感染力滿溢在字裡行間。感受真正樂趣的那些瞬間會令我們難以忘懷，是這些片刻使我們感覺到「啊，不枉此生了」，種種回憶勾起的情緒波動證明了真正的樂趣絕不是浮誇空泛的詞彙，而是一股真實的力量。

寫下這些故事後，我接著問他們（同樣，並未提供我的定義），會怎麼和未曾經歷真正樂趣的人形容這種感受。讓我驚訝的是，非常多答案都提及類似的概念。

「樂趣就是無盡的熱情」，一位小組成員寫道。

「純粹的喜悅、幸福和愛！」另一位這麼回答。

「打從心底感到輕快，胸口舒展開來，彷彿飄在半空中」。這是我最愛的回答之一：「歡笑聲和愉悅的感受，感覺世界之大這裡就是自己的歸屬；和其他人一起從事自己熱愛的活動，且不必在乎他人的看法；是自由自在的感覺；是偶爾放縱，給心裡的小孩玩耍的機會」。

真正的樂趣 ＝ 有趣的靈魂 × 社交連結 × 心流狀態

我問五歲的女兒，樂趣是什麼顏色，她想了一下然後說，「是陽光的顏色」。

投入繪畫馬拉松、和西伯利亞兒童一起歌唱、與朋友赤腳走在泥濘裡、跟小狗玩你丟我撿——為什麼我們在這些全然不同的體驗中，感受到了同樣的豐沛能量？是什麼像陽光一樣照亮我們？

越是閱讀樂趣小組的這些故事，我就越是相信，真正的樂趣雖然可能產生於各式各樣的情境中，事實上的確可以用一個公式將其定義，適用於所有關於真正樂趣的描述。

真正的樂趣有三個要素，亦即**有趣的靈魂、社交連結和心流狀態這三者的相互交集**。當這三個條件同時滿足，就能感受真正的樂趣。

說起來很簡單，但要完整了解這個概念，我們需要個別剖析這三項要素。

有趣的靈魂

真正的樂趣，只會發生在有趣的人身上。

所謂有趣的靈魂，我指的是輕鬆、自由的心態，可以單純為了做一件事情去付諸行動而不計較結果。樂趣小組的分享就有不少這樣的案例。有趣的心靈不被生活的義務束縛，就算是不會產生實質回報的事情，只要有趣便值得去做；有趣的靈魂能跳脫現實的框架，自由自在，從日復一日的責任中解脫。當人們的心靈變得有趣，全身上下都會散發活力，也會更加笑口常開。

社交連結

真正的樂趣總是與某種形式的社交連結有關，和某人（某事）共同度過特別的體驗。與周遭環境（例如大自然）連結、與寵物或甚至是自己的身體建立特別的連結，都能產生真正的樂趣。然而絕大多數的案例中，這些經歷都會有其他人參與。當人們描述感受到真正樂趣的經歷，都會提到他們屬於某種群體，同時又能自在地表現自己；令人意外的是，不只內向的人如此，外向者也有相同的想法。從樂趣小組的故事可以得知，內向的人和一小群朋友相處時（而不是一大群陌生人）較容易體驗到真正的樂趣。且內向者與外向者相同，自己獨處並非是最感到開心的時刻。

心流狀態

心流這個概念來自心理學，形容人們全神貫注於當下的情境，而忘卻時間的流逝（聽過「歡樂的時光總是過得特別快」這句話嗎，指的就是心流狀態）。進入心流狀態使人們感到精力充沛，重新找回活力。自我批判、他人對自己的批判、內心的不安與各種形式的干擾，都會使我們無法進入心流狀態。試想競賽中的運動員，沉浸在旋律中的音樂家，或是忘我投入在一項專案或一次談話中，抬頭看到時鐘才發現已經過了一個小時等情況——心流狀態是真正樂趣的先決條件，我們需要全心全意投入在當下。少了心流狀態就不可能體會到真正的樂趣，樂趣小組所分享的每一個故事，都是在心流狀態裡發生。

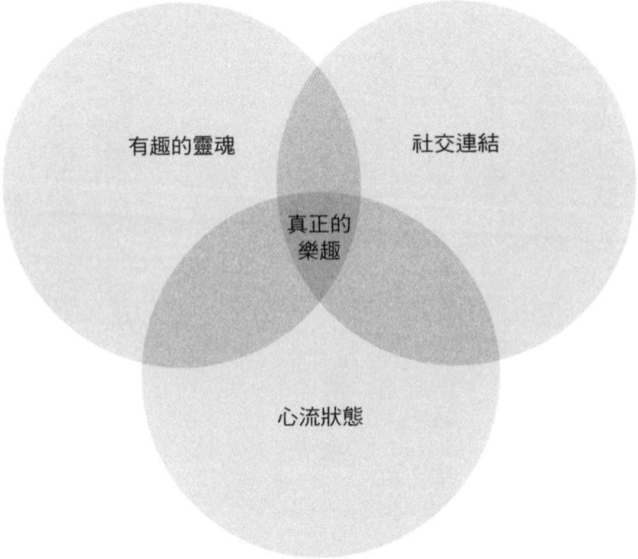

所有趣味橫生的體驗都少不了有趣的靈魂、社交連結和心流狀態，這三個要素能帶給我們成就感、喜悅、滿足、驚奇等等不同的正向情緒。我從沒遇過任何人經歷好玩有趣、與人連結或進入心流的活動之後，還能說出「這真是浪費時間」這種話（而在今日這個強調物質的社會文化裡，我們竟然沒有付出更多心力在這些有趣、有連結、有心流的活動上，真令人格外嘆息。）。

一次熱烈的對話或者一場宗教儀式，能讓我們在心流狀態中與他人連結；獨自從事喜愛的活動例如填字遊戲或手做技藝，能讓我們藉由有趣的活動進入心流狀態；排隊時和站在隔壁的人閒聊或與他人交換心照不宣的眼神，這些與他人連結的片刻都是如此有趣。如果能體驗到真正樂趣三要素當中的兩項，這些事情就值得我們嘗試。

而當有趣的靈魂、社交連結、心流狀態三者同時被滿足，神奇的事情就會發生，你就能體驗到真正的樂趣。

在我這麼定義真正的樂趣後，一切就都說得通了。有趣的靈魂、社交連結和心流狀態都讓我們專注地投入在當下，真正的樂趣因此成為足以改變人生的體驗。這三要素讓我們充滿能量，就像是獲得真正樂趣時那種刺激的感受；且這股能量又有強弱之分，因此有些經驗只是短暫片刻，有些卻讓我們畢生難忘。

有趣的靈魂、社交連結和心流狀態只在我們有所感受時才成立，因此真正樂趣的迷人之處便在於它只能存在發生的當下（我是這麼認為的）。此外，與幸福、滿足這些正向的狀態不同，真正的樂趣是一種體驗，意即這樣的感受無法持續不斷。是啊，畢竟每一種產生真正樂趣的經歷，都有開始和結束的時候。但換個角度想，這也讓真正的樂趣不再遙不可及，比起如何變成快樂、知足的人，想像能讓自己感受樂趣的情境容易多了。樂趣同時也是個更容易衡量的指標，如果有人問我「你快樂嗎？」，我的大腦很有可能會陷入一場哲學辯論中（快不快樂如何定義？什麼是快樂？等等），最後只能回答「我不知」。但如果被問到上週末是否有感受到真正的樂趣，我絕對能清楚回答。

有趣的靈魂、社交連結和心流狀態都能引導我們拋開拘謹和虛偽，因此當我們感受到真正樂趣時，也能夠從中找回迷失的自我。真正樂趣的狀態並非由特定行為觸發，即使是同一個人做同一件事情，依據當下的心情、態度和身旁的人不同，經歷也可能完全迥異。藉由將真正的樂趣定義為「有趣的靈魂＋社交連結＋心流狀態」的產物，我們得以明白，真正的樂趣是一種普世價值，每個人對其各有獨一無二的詮釋。

釐清真正樂趣的定義也能幫助我分辨樂趣的真偽。如果欠缺這三項要素，我們就很難真的享受當下；若有趣的靈魂、社交連結、心流狀態因為某種阻礙無法進入我們的生活中，真正的樂趣就不會發生。

分心是享受樂趣的一大阻力，因為不專心會影響到真正樂趣的三大元素。由於真正樂趣的其中一項要素是心流狀態，而心流狀態需要全神貫注才能達到，只要我們分心了、注意力被分散，就無法體驗真正的樂趣。分心的意思就是心思沒有專注在當下——分心（distracted）這個英文字來自拉丁文的一個動詞，意思是「強行帶離」。任何讓我們分心的事情都會阻礙真正樂趣的產生，若是想要更常感受真正的樂趣，我們就必須將生活中一心二用的時間降到最低。

分心也會讓我們無法保有有趣的心靈，因為那是需要全心投入才能達到的。舉例來說，和別人說話時如果不專心，便無法發揮幽默感。分心還會阻斷我們與他人的社交連結，相信你我都曾體驗過和身邊的人相處時，發現他們的心思已飛往別處，那種挫敗又孤單的感受。真正的樂趣之於分心就像是油和水一樣，兩種分子無法融合，註定會分離。

批判也是樂趣的一大殺手，由於我們必須將自身抽離才能客觀判斷一件事情的好壞，當身心沒有完全投入在當下，自然便無法進入心流狀態。即便是生活中再常見不過的價值判斷，像是在社群媒體上幫貼文「按讚」或是用手機自拍和修照片都是批判的一種，這樣更會引發另一項樂趣殺手，也就是對自我的批判，因而讓樂趣蕩然無存。

我越是思考真正樂趣的定義，便發現有越多細微的差異存在其中。

舉例來說，有些經歷能讓人感覺生命的存在，但我們卻不會把它歸類為真正的樂趣，好比生小孩。

進一步來說，許多正向的感受諸如滿足、驚奇或讚嘆，並不完全符合真正樂趣的定義。享受樂趣可以帶給我們這些情緒，但它們對我來說並非真正的樂趣。例如我常為日落時分的美景感到驚艷，但我並不會說這是一種「樂趣」；相反地，我們體驗真正樂趣時所做的事情（例如車上卡啦ＯＫ），也並不一定都那麼令人驚嘆或意義深遠。

興趣或愛好可以帶給我們真正的樂趣，忙碌則不行。許多人旅遊時特別容易犯這種錯誤，為了將樂趣「最大化」，安排太多行程。真正的樂趣需要一些喘息的空間。

物質享受也不會使我們獲得真正的樂趣，許多人努力工作以負擔他們以為會帶來樂趣的東西。物質生活只是我們得到快樂的工具（比方說購買滑水板以從事水上活動），但這些物品本身並不等同於樂趣。

同樣無法帶給我們真正樂趣的，還有自我麻醉。仔細想想你會發現，大人們口中的「樂趣」多半都帶有逃離現實、麻痺自我的成分，像是喝茫、嗑藥、狂看Netflix，還有浪費好幾個小時滑手機。

在某些範圍內，自我麻醉或自我藥療可以紓解壓力、提振心情，有節制地使用這些物質可以改善我們的不安和壓抑，有利於產生真正的樂趣。然而這也會讓我們付出相對的代價，事後對於那些開心的時光可能完全沒有印象，也可能太過放縱而做出違背自己價值觀的事情，且藥物或酒精濫用總是伴隨依賴及成癮的危機，這些可一點都不有趣。最理想的狀況是，我們應該學會不仰賴外在幫助就能讓自己放鬆（真正的樂趣就能幫我們做到這點）。

有趣的靈魂、社交連結和心流狀態都是人們主動追尋的結果，這說明了被動的物質並無法為我們帶來真正的樂趣——我們為了「享樂」所做的許多事情都是在被動接收資訊，例如看電視或使用社群媒體，這些產業更花費大量金錢和心思，讓我們的使用時間越來越長，所以此處主動與被動的差異非常關鍵。被動地享受物質很輕鬆也很開心，甚至還能帶給我們新知識和成就感，但這並不能算是真正的樂趣。

不只如此，當電視或電子產品等物質享受唾手可得，它們也會變成一種自我藥療，讓我們窩在沙發上看個不停。這不只會讓我們對其產生依賴，進而內化成為一種習慣，原先可用來追尋真正樂趣的時間和精力，也通通消耗在這些事情上了。

如果你不覺得「物質無法帶給我們樂趣」，很有可能是因為它們能帶來一些滿足感，因此容易和真正的樂趣混為一談。舉例來說，演唱會、戲劇表演、舞蹈演出都很精彩刺激，令人振奮（我並不是說看電影、閱讀書籍或者坐在沙發上收看最愛的實境節目就是在浪費時間），但精確地說這些都不能算是真正的樂趣，除非這些體驗能帶給我們有趣的靈魂、社交連結和心流狀態，例如表演者特別擅長和觀眾互動，或者你是和朋友結伴一起去看演唱會。

如此細微的探討看似是在玩文字遊戲，事實上很重要：我們越清楚其中的差異，就越能聰明地運用寶貴的時間。

透過這三大要素來審視生活，能幫助我們看清，有哪些事情可以催化更多真正的樂趣（我稱它們為「樂趣磁鐵」Fun Magnets），哪些事情使我們感到愉悅（因此即使未能創造真正的樂趣，也值得我們去做），哪些則單純是在浪費時間。

問題在於，很多我們為了獲得樂趣而從事的活動，實際上都沒用，完全無法讓我們感到開心。理論上來說這個問題不應該發生，因為我們是自願從事這些活動的，否則就不能稱之為休閒活動了，而休閒活動本來就該為我們帶來樂趣。所以，如果你從事休閒活動時並未獲得享受，那還不如把時間留給其他事情。假設你覺得玩桌遊很無聊，不如進行其他休閒活動，拒絕玩大富翁並不是什麼十惡不赦的事情。

基於社會常規，有時候你很難拒絕某些邀約，也許你不喜歡參加讀書會，但為了不讓朋友們失望還是繼續參與；你也可能持續從事某些活動，只因為偶爾它們會為你帶來樂趣。可是只要學會分辨出自己平時所從事的活動，是屬於真正的樂趣還是普通的活動，那麼至少你會有自己的想法，而不是盲目參與。

另一種情況則是，你可能會沉迷於那些顯然不能為你帶來真正樂趣的事情，例如流連在不同社群媒體中、反覆查看即時新聞、狂刷交友軟體上的個人簡介或購買不需要也負擔不起的物品。你的理智清楚知道你在浪費時間，事後也會感到更加空虛、沮喪，但還是不由自主地繼續沉淪，深陷其中而無法自拔。

這種狀況代表你很有可能已經落入「偽樂趣」的圈套。我先前說過，偽樂趣指的是那些看似讓我們樂在其中，實則無法帶給我們有趣的靈魂、社交連結與心流狀態的事情。

偽樂趣的偽裝很逼真，乍看之下難以分辨：偽樂趣的運作機制能帶給我們與真正樂趣類似的效應，事實上卻是幻象，是企業與商人精心創造的海市蜃樓，背後的獲利結構、價值觀和動機目標都違反我們的利益。偽樂趣猶如垃圾食物，短時間內帶給我們快感，事後卻讓我們感覺更糟，長期下來還會對身心健康造成傷害。

偽樂趣也會將我們推離自己的初衷，當偽樂趣的幻象充斥我們的視覺，內心的熱忱和真正重要的事情就會如同天上的星辰被烏雲遮蔽，使我們迷失了方向。偽樂趣讓我們感覺空虛、焦慮、匱乏、麻木，任由偽樂趣干擾我們追尋真正樂趣的羅盤，內心就會變得猶如槁木死灰。

那麼，究竟是什麼讓我們內心的羅盤逐漸偏離呢？

第2章 為什麼你感覺心如死灰

臉書剛開始流行時，很多人告訴我他們拒絕使用社群媒體，因爲他們重視眞實生活中的人際互動，希望活在當下、親身投入、保護自己的隱私。而我總是告訴他們：「有一天你也會開始使用臉書的。」

——臉書首任總裁西恩・帕克（Sean Parker）[12]

討論我們為何如此容易掉入偽樂趣的陷阱，以及它為何會讓我們感覺心如死灰之前，我想先談談這件事為什麼如此重要。

道理其實很簡單：人都會死。

抱歉我說的這麼直白，但我想不到其他更簡單的方式。我們必須面對終將到來的死亡，生命有限，我們每一個人都會死去，這是生命非常不有趣、且令人不安的一面。儘管沒有人願意承認，但人類註定無法長生不老——不過偽樂趣卻讓我們逃避這個事實。

古羅馬詩人卡圖盧斯（Gaius Valerius Catullus）在寫給女友的情詩中也感嘆生命的短暫，我從高中讀到時就印象深刻：「太陽落下會再升起，至於我們，短暫的歡愉落幕後，便是安眠的永夜」。*

人都有一死，這個事實意味著許多讓我們失眠的心事，其實一點也不重要。職涯發展、失敗與成就、個人資產淨值，尤其是社群媒體的粉絲數量，這些真的都沒那麼重要。在死亡面前，許多令我們汲汲營營、備感壓力的事情都會顯得微不足道。

人終究難逃一死，這是我們無法改變的。但我們能決定的是，該怎麼過自己的人生。

我們可以決定要日復一日度過平淡的人生，或是享受生活、不斷創造新回憶；也可以決定在人生盡頭的時候，究竟是要感嘆自己虛度一生光陰，或是覺得自己一路走得精采。大部分的事情都沒有我們以為的重要，這令人焦慮卻也意味著自由——人生的意義和目標操之在我，你我就是自己人生之旅的嚮導，而生命汪洋中那座指引方向的燈塔，則是「真正的樂趣」。

---

* 拉丁原文如下：
Soles occidere et redire possunt:
Nobis cum semel occidit brevis lux,
Nox est perpetua una dormienda.

生活，就是你所關注的事

生活是由那些我們所關注的事情組成，而**注意力就是人們身上最寶貴的資源**。仔細想想，我們只能經歷、也只會記得，那些我們曾經很專注的事情。這一分鐘你將注意力投注何處，看似無關緊要，但經過長期積累，這些選擇對我們的人生將會產生決定性的影響。如同作家安妮．迪拉德（Annie Dillard）所言，「怎麼度過每一天，決定了你如何度過這一生」。

正因如此，哲學家西蒙．韋伊（Simone Weil）說注意力是「最純粹、最罕見的慷慨[13]」。回想起小時候的美好回憶，總會有那麼一位大人，在百忙之中排除萬難，選擇把注意力花在我們身上。我在閱讀著樂趣小組成員們描述他們經歷真正樂趣的體驗，經常能看到類似的角色出現。和祖父母共度難忘的週末、爸爸媽媽丟下工作只為陪伴他們等。正如韋伊所述，「最極致的專注如同祈禱，都是信仰和真愛的體現」。

「運用」專注力、「花費」時間，這些動詞我們也都會用來談論金錢，代表在我們的潛意識裡，我們都知道注意力和時間是有價值的（也代表我們應該避免那些「浪費」時間的事情）。而談到生活的意義和喜悅（換句話說就是樂趣），人們卻常忽略了最有價值的是注意力，而非時間和金錢。花時間和他人相處卻心不在焉，陪伴便失去意義；金錢雖是生存所需，理論上來說就算花掉也可以再賺回來；我們的注意力就不同了，一旦將心思花費在某件事情上，無可取代的注意力就不可能再復原。

人類的大腦一次只能專注於一件需要運用認知能力的事，於是我們的注意力又顯得更加寶貴了（這就是為什麼我們可以邊摺衣服邊聽新聞，卻無法同時聽新聞並閱讀書籍的原因）。換句話說，人類的大腦並不能多工處理，不相信的話可以試試慧敏法師（Haemin Sunim）在《停下來，才能看見》（*The Things You Can See Only When You Slow Down*）一書中所提到的練習：「我們無法一心二用。請試試同時思考兩件事情，看看是否可能做到？」

大腦的注意力是不可分割的，因此決定把注意力花在一件事情的當下，就意味著我們放棄專注於其他事情。我們的注意力是一種零和遊戲，就像一道狹窄的聚光燈，只能照亮一小塊範圍，光圈之外便是無盡的黑暗。在任何時刻，甚至是閱讀此書的當下，你正錯過身邊發生的其他事情，這是必然的取捨，否則我們將無法生活。這同時也正說明了，我們應該盡可能讓聚光燈打向最該照亮的地方。

每個小朋友都是「用聚光燈照亮真正樂趣」的專家。只要觀察一群五歲兒童的行為，便會發現他們很容易進入心流，心靈不斷找尋趣味。至於社交連結，就算當下沒有合適的玩伴，他們很快也能找到（或者為自己創造一個）。

可惜的是，隨著年齡漸長，這樣的能力逐漸衰退、消失。當我們成為父母時，往往花費絕大多數時間與金錢為孩子（而忽略了為自己）創造快樂的回憶。我們努力工作，讓孩子們能盡情玩樂，就像湯姆．范德比爾特（Tom Vanderbilt）在《學以自用》（*Beginners: The Joy and Transformative Power of Lifelong Learning*）書中所寫，家長們看著孩子跳舞、唱歌、比賽，自己則是「坐在打過蠟的瓷磚地板上，擠在學校沒有窗戶的地下室裡，或是窩在插座一旁替手機充電[14]」。

不需要太過羨慕孩子們，現代家長的教養方式正讓下一代步上我們的後塵。許多文獻已表明，加諸兒童身上的壓力和期待，期盼他們擠進名校窄門，未來能夠拿到大人口中所謂「成功」的門票（不管成功的定義是什麼）[15]，使得年紀越來越小的孩子出現了心理健康問題。有個議題很少受到關注，卻令人擔憂：當童年變成了打造人生勝利組的起跑線，孩子的日常生活本來應該充滿著「完全不具任何目的的玩樂」，現在卻被剝奪了，我們也扼殺了孩子們享受真正樂趣的機會。

更糟的是，這個社會的價值體系將讓我們的後代一輩子都缺乏感受真正樂趣的能力。如果從來沒有人告訴他們構成真正樂趣三大元素的重要性，也沒有人告訴他們該如何讓生活充滿有趣的靈魂、社交連結和心流狀態；如果成長過程中，把生命視為一場競爭，需要搶奪有限的資源與機會，且會不斷遭受外界的排名與評價，那麼孩子又怎麼會曉得真正樂趣的重要性，並且享受其中呢？

對於很多現代社會的人來說，生活並不是用來讓大家享受樂趣的。結果就是，無論大人或小孩都很難有機會感受真正的樂趣，大家不但已經忘記這種感覺，甚至沒有發現樂趣已經從我們的生活裡消失。人們彷彿被困在狄更斯筆下的孤兒院裡，唯一的食物只有麥片粥，習慣了一成不變的乏味人生，無法察覺到該為自己爭取更營養、豐盛的餐點。

以前我在演講時，曾親身驗證了這點。我問台下觀眾與本書開頭同樣的問題：你有多久不曾感覺真正地活著，並請他們自願和大家進行分享。

企業主管、教師、學生、醫護人員、家長、編輯、資安人員……我問過各行各業的人這個問題，而他們的第一反應全都相同：沉默。少數自願回答的人聲音往往又細又輕，用句尾上揚的語調給出不確定的答案「陪姪子玩？」「遛狗？」僅有一次有人自信地回答，那次是在亞利桑那州，一個男人舉手驕傲地說：「今天早上我看到一隻山貓！」

當然，觀眾席的沉默也許只是因為他們害羞，但發生的頻率之高，讓我覺得背後一定另有原因。人們太少關注或尋求真正的樂趣，也不在乎有趣的靈魂、社交連結和心流狀態是否存在生活中，所以才無法回答。

說到這裡你可能會好奇，歷史上人類是否曾經重視有趣的靈魂、社交連結和心流狀態，並將真正的樂趣視為優先事項。一個朋友就問過我，當代人類社會和真正樂趣的關係為何？一九八〇年代呢？文藝復興時期、黑暗時代、羅馬帝國時期又是如何？遺憾的是我無法回答這些問題，因為正如我先前所說，真正的樂趣就連定義都從未被認真研究過，更別說是其他細節了。

唯一肯定的是，人類對於玩樂的需求是天性本能，古今中外皆是如此（這是真的，絕大多數動物也都具有玩心[16]）。古時候的人們也有更多機會進入心流狀態或參與人際互動，因為當時不像現今無時無刻都有雜訊干擾，而且當時行會或教會的社群力量強大，家族成員更多，常見多代同堂要不然就是住在彼此附近。他們不像現在的我們能夠輕鬆與全世界連結，但當時的社交連結絕對比你我推特上的追蹤好友要深入地多。

我們無從得知古人同時達成三大元素的頻率為何，或者他們獲得真正樂趣時有什麼感受（從古至今人類的文明並不鼓勵我們讓自己太快樂）。對於歷史上人們所擁有的休閒時間多寡，我們也不該妄下定論，畢竟受階級、文化、自由和財富程度不同的影響，在各個族群之間可能存在極大差異。

關於樂趣，可以肯定的是（至少在西方文化是如此），過去約莫兩百五十年間，人類對時間的價值觀和利用方式，以及願意花費在有趣靈魂、社交連結和心流狀態的時間，產生了巨大的變化。自二〇〇七年起，我們對於零碎時間的利用方式又更加不同，這就要歸功於每個人口袋裡的智慧型手機了。

時間價值矛盾

對於時間和注意力思考得越多，我就對時間價值的矛盾越感著迷。所謂時間價值矛盾（time-value paradox），我指的是儘管大家都認為自己的時間非常寶貴，絕對不能浪費，卻往往將閒暇時間都拿來做一些我們覺得是在浪費時間的事。如果能找出背後的原因，相信我們就能跳出惡性循環的迴圈。

塞萊斯特・海德利（Celeste Headlee）在二〇二〇年出版的著作《失控的努力文化：為什麼我們的社會讓人無法好好休息》（*Do Nothing: How to Break Away from Overworking, Overdoing, and Underliving*）中，對於人類時間價值觀的變化有精彩詳盡的解說。她寫道，從古至今我們的生產力（以及所獲得的報酬）大多是由成就或產出來判斷，而非過程中花費時間的多寡。「工業革命之前，多數人工作時只需要完成特定的任務：收割、蓋糧倉、縫補棉被，事情做完也就代表當天的工作結束了。因此直到十九世紀初年，大家『有的是時間坐在爐火邊聽完三千兩百一十二行的長篇史詩《貝武夫》（*Beowulf*）』，這在當時算是老少咸宜的家庭娛樂[17]」。

可是當人們開始進入工廠工作，勞動報酬的計算方式產生了根本的變化，勞工的收入不再是由特定的成果來決定，而是以花在工作上的「時間長度」計算。換句話說，兩者在本質上的差別就好比前者是鞋匠收費修一雙鞋（一件看得到終點，且有清楚成效的任務）；後者則是工廠工人領取時薪，去做理論上可以無限重複的事情，所產生的金錢報酬會讓人們為了提高收入，而將工時越拉越長。

進入工業時代後人們對於時間和樂趣的看法也不再相同，當我們開始專注於「生產製造」而非「完成任務」，自然就有大量的產品問世；生產者必須說服消費者購買這些商品以賺取利潤，亦即創造市場需求。該如何創造需求？於是廣告行銷產業便應運而生，讓消費者相信他們想要且需要這些商品。如何刺激消費者的購買慾？只需傳遞擁有這些商品就能感到開心、享受樂趣的訊息（如果能讓人們彼此競爭，看誰買得更多，最好是拍照上傳社群媒體，效果就會更明顯）。當然想要買得更多就需要賺更多錢（並接著繳交高額信用卡費），想要收入提高就得花更多時間工作……通常在工作中人們又會製造更多東西，需要販售給消費者以賺取利潤，就這樣循環下去。

現代人的生活方式難以創造真正的樂趣，連帶引發了不少問題。「賺得越多且買得越多」就能讓人生「充滿樂趣」，在這樣的誤解下大家花在工作的時間越來越長，任由工作占據我們的休閒時光，感覺自己永遠無法真正獲得休息，也沒有多餘時間從事能夠帶來真正樂趣的事情。對於樂趣的匱乏會轉化成內心的空虛與不滿，且因為我們不認識那三個可以帶來真正樂趣的元素——也就是有趣的靈魂、社交連結和心流狀態，於是選擇在夜晚和週末拼命加班，想要填補內心的空洞，想要賺到更多錢來買更多東西……

這種惡性循環來自於我們相信我們的時間可以被用來交換其他資源，且最值得交換的東西便是金錢。也就是說，任何不能幫我們賺到錢的時間消耗，都是一種浪費。

正如海德利在書中所寫，「這種觀念對世界帶來的改變不容小覷。時間就是金錢，虛度光陰等同浪費金錢；時間寶貴、不該浪費，這便是現代人所有壓力的萬惡根源[18]。」

即便今天很多人不是在工廠裡從事生產工作，大家也都認同「時間就是金錢」。對於大多數受薪階級來說確實如此：收入取決於薪資的高低，而工作則是永遠也做不完——甚至為了展現自己有多「積極」，在職場裡被迫要和同事競爭，而有「不得不做」的壓力。在升遷及分紅的誘惑面前，人們更是拚了命似的認真工作，沒有極限。

在每天的工作內容中有些事情或許富有成效且能帶來成就感，但更多時候並非如此（想想那些電子郵件），我們常常都只是在沒事找事、刷刷存在感罷了。海德利的形容很生動，「許多人讓自己過度勞累……這麼努力工作卻只能產生如此微小的實質成效」，遺憾的是，「『感覺工作很充實』和『真的有產出』，可是兩回事[19]」。

現代社會重視成果和效率而非快樂和成就感，或許就是導致青少年族群（特別是就讀菁英學校的學生）憂鬱和焦慮比率越來越高的原因之一[20]。這同時說明了為何許多成年人並不重視真正的樂趣，就算當它出現在生活中也難以自在享受——長期灌輸給我們的觀念使我們以為，做任何事情一定要有意義，否則就是在浪費時間，因此那些能讓我們單純享樂的體驗（或帶來自由或灑脫的感受），總是伴隨著一絲絲愧疚。

這種看待時間的方式，進一步導致我們從事休閒活動時也像在工作一樣，執著於紀錄所有體驗，才能在社群媒體上分享這些內容，證明自己是個生活有趣、懂得享樂的人（話說回來，無時無刻都在使用社群媒體的話，根本很難當個有趣的人，不停中斷活動分享照片也不太可能真的玩得開心）。

遺憾的是，這樣的風氣鼓勵每個人都把自己的人生當成品牌經營，也把下一代視為父母苦心栽培的「產品」來展示（你是否就曾為了自己的社交需求，在臉書上低調炫耀正就讀幼稚園的孩子閱讀程度有多高？）。也使得我們做決策時沒有考量自己真正要什麼，反而在擔心我們為自己塑造的公眾形象。外在與內心的分歧不但是一種內耗，也會讓人們難以展現真正的自我，更嚴重的話還可能讓人（以及下一代）連自己究竟是誰都搞不清楚了。

當我們習慣將從事休閒活動的時間都用來自我精進或與他人比較，生活中玩樂的比例又更少了。例如我喜歡騎腳踏車，也花了很多時間維持力量和體態，卻很少到戶外在新鮮的空氣中騎車，沒有定期從事這項讓我感到十分愉悅的活動。

相反地，我習慣一次坐在電腦前工作好幾個小時，每當感覺亟需起身動一動時則會進行高強度運動，以求和久坐的工作模式形成反差。這股衝動伴隨追求「成效」的心態，讓我時常用「空閒」時間參加室內飛輪課程，和其他學員一起擠在昏暗的房間裡踩著固定不動的腳踏車（這種教室通常沒有窗戶，有時甚至位於地下室），器材上裝有感應器偵測每個人消耗的能量，並在教室前方螢幕上隨時進行排名。教練喊著鼓勵的話要我們爬上假想的山坡，動感的背景音樂聲音大到我常常需要帶耳塞，大家彼此默默競爭著，騎向不存在的終點。每次課程結束我的身體的確感到非常滿足，但這完全偏離了初衷，我並未感受到任何樂趣。

除了使我們喪失有趣的心靈，對於職涯和效率過度重視也讓建立社交連結的機會越來越少。許多人不只住得離家人和親近的朋友很遠（通常是因為某個工作機會），美國社區組織的參與度從一九四〇年到一九六五年的高峰結束後也面臨驟減[21]。很多人已經失去或拋棄過往的社會架構與傳統價值，不再與他人隨興且輕鬆地互動，自然難以產生社群連結的歸屬感。

相信現在你也和大多數人一樣，與朋友的面對面互動永遠是老早就計畫好的，先用簡訊或電子郵件約日期，大家再也沒有空閒時間可以參加隨性的臨時聚會。你應該也花了不少力氣，和朋友透過訊息及社群媒體「聯絡感情」（這比打電話方便多了）；這些都是和朋友保持連絡的好方法，但運用對話框以及貼圖溝通是有時間差的，很難達到與朋友面對面相處時同樣的感受。遺憾的是，我們也越來越懶得實際相約見面了。

不少專家都說我們彷彿活在一場名為「寂寞」的疫情之中[22]，美國退休者協會（AARP Foundation）於二〇一八年的調查顯示，四十五歲以上的成年人中有超過三分之一都覺得自己很孤單（二十年前同一項調查的比例只有百分之二十，中間正好歷經網路時代的來臨，想必這並非巧合[23]）。同一年由國際醫療服務機構信諾集團（Cigna）針對兩萬名美國成年人所進行的調查也發現，約莫半數受訪者在問卷中表示他們「有時／總是感到孤單[24]」，僅有不到一半的受訪者表示自己每天都會安排具有意義的社交互動，「例如與朋友深入交流，或是專心和家人共度寶貴時光[25]」。

這個問題的影響範圍並不僅限於美國[26]，二〇一八年一月英國首相梅伊（Theresa May）創設並任命了史上第一位「孤獨部長」（Minister of Loneliness）——絕不是開玩笑，真的有這個職位，目的是處理英國社會的孤單問題[27]（說不定哪天也會設立一位樂趣部長）。呼應此一職位的出現，英國導演愛麗絲．艾迪（Alice Aedy）也拍攝了一部名為《失聯》（Disconnected）的短篇紀錄片，其中包含匿名民眾錄給孤獨部長的語音信箱留言，內容令人為之心碎。有一位來電者說：「我坐在公寓裡看著人們來來去去，想著『為什麼這麼多人在我身邊，我卻感覺如此孤獨[28]？』」。

有趣靈魂和社交連結的情況是如此悽慘，心流狀態更是每況愈下。零工經濟的興起和社會安全網的不足（從醫療照護、退休金福利到有薪育嬰假都是）使明天的一切充滿不確定性，人們難以活在當下，更別說要追求自我。相反地，我們隨時都處在焦慮的狀態。

我們很難達到心流狀態的主要原因便是，無論正在做什麼事情，往往會有小孩哭鬧、一封電子郵件、一則新聞快報、一封簡訊或手機跳出的通知等等，使得我們每隔一到兩分鐘就會被打斷。這些反覆發生的注意力中斷會讓我們進入科技專家琳達．史東（Linda Stone）所說的「持續性局部注意力狀態」（continuous partial attention），成為我們獲得真正樂趣最大的障礙[29]。簡而言之，如果我們分心了，就不可能進入心流狀態，勢必也無法獲得真正的樂趣；受到智慧型裝置影響，我們的注意力隨時隨地都是不完整的狀態*。

由於全球新冠肺炎疫情，以及同步發生的社會、政治和經濟動盪，真正的樂趣距離我們越來越遠了。恐懼和焦慮使我們難以專心，也阻斷了有趣心靈及心流狀態的發生；社交距離規範以及封城限制讓我們不再能和他人面對面接觸，使得原本就存在的孤獨及疏離更加嚴重了[30]。疫情以前人們已經很難維持工作與生活的平衡（我喜歡稱之為螢幕與生活的平衡），疫情開始在家工作之後，工作與生活的界線更是徹底消失，蕩然無存。

疫情突如其來，許多人卻每天花費更多時間盯著螢幕，試圖找回現實生活中無法做到的一切——學校課業、工作會議乃至朋友聚會。科技成了我們手中的救命繩索，我無法想像要是沒有手機和網路訊號，該如何度過那段隔離的時光。然而，這也讓習慣從這些裝置尋求慰藉的我們，原有的習性又更加根深蒂固（對於我們的下一代來說，在疫情期間養成的習慣將會影響他們往後的一生）。現今每個人都對網路相當依賴，試想如果斷線——別說一個週末，只要一個晚上——就足以讓我們感到心煩意亂、無所適從。我們原有的每一種時間管理問題，全都變得更糟了。

我無意將大眾的不幸都歸咎於科技，也不是在鼓勵大家通通辭職去當鞋匠，或者搬到深山沒有手機和網路的小木屋。很多時候我們需要（也想要！）科技的幫助，特別是在溝通和工作上科技都不可或缺。

儘管當代成年人的生活中，有很多因素讓我們難以擁有有趣的靈魂、社交連結和心

＊我們注意力隨時隨地都不完整，一方面是因為智慧型裝置提供的內容會令我們分心，另一方面則是因為這些內容的刺激會改變我們的大腦，使我們更容易分心。

流狀態，不過我們與智慧型裝置失衡的關係，正是人們通往真正樂趣的道路上，最大的阻礙；而更重要的是，它也是我們最有可能加以控制的變因。

螢幕與生活的平衡

當我提到人類與智慧型裝置失衡的「關係」，我是非常認真的。我們不只使用手機，也會和手機互動，這種互動在雙方長時間的投入下便越發熱絡。我們一聽到或看到手機提醒就會點開來確認，想到一件小事也會立刻拿起手機處理；儘管是因為某個原因才伸手去拿手機，卻會因為一則通知或其他讓時間流逝於無形的誘惑而迷失了方向。你是否經常想著某件事情點開手機，過了不知道多久才發現，已經想不起來一開始究竟是想使用哪個應用程式？

另外無論我們人在哪裡，一定都會隨身帶著手機：在家裡、辦公室、在街上、浴室裡、甚至帶上床（早上起床第一件事也是先查看手機，而不是和睡在身旁的人說早安）。智慧型手機能夠（且被研發成）抓住我們的注意力，必須隨身攜帶，這種致命的組合讓手機（以及其他無線行動裝置）不同於過去所有科技發明，電視或電影等根本無法比擬。

我當然還是有手機，也不是拿著鵝毛筆在寫這本書，我對科技的存在心懷感激，生活也離不開這些產品。然而到了今天，當大多數盯著螢幕的時間都並非我們有意識的選擇，不再是我們使用這些裝置，是它們在操縱著我們，人類和智慧型裝置的關係已經嚴重失衡。

若想要使生活的羅盤持續為我們指引方向，就必須保護它不受外在磁力的干擾。想要活得開心有意義，全然投入人生，就必須避免注意力受到外在誘惑干擾，更不能沉迷於偽樂趣之中，我們可以從控制盯著螢幕的時間著手。

首先要從時間說起，不只是我們對於時間的價值觀，更要探討這些裝置究竟讓我們消耗了多少時間。每個人一天都只有二十四小時，睡覺的時間至少會佔四分之一；疫情前成年人平均每天會花四小時使用手機，很多人可能還更長。每天四小時，加總起來就是每年整整六十天的時間，以每週工作四十小時來看，相當九個月的工時，更佔據了我們每天醒著時四分之一的時間。

這只是手機而已，還要加上平板和電視，當然還有電腦和遊戲機。我可以肯定地說，很多人每天醒著的時間絕大部分都花在這些螢幕裝置上了。當然有些時候是工作所需，但仔細想想，我們每天又花多少時間培養興趣、從事愛好，或者和另一半、家人、朋友面對面相處呢？這些加總起來，恐怕都不到四小時，甚至遠遠少於我們盯著螢幕的時間吧？

影響我們的不只是浪費掉的時間，還有我們和這些裝置的互動方式。進一步說，就是我們不斷切換於現實生活和螢幕上的內容之間（以及各種應用裝置以及五花八門的貼文），注意力被反覆分割，成了專家們口中的「時間汙染」（polluted time）[31]，或者記者布麗姬・舒爾特（Brigid Schulte）所說的「時間碎片」（time confetti），也就是我們一心多用而造成效率低落，多工處理背後所浪費掉的時間[32]（手機和電腦的原始設定又讓情況更加惡化，只要一收到新的訊息或郵件，所有裝置的提醒音效都會響起）。正是因為如此，我們和專家對於人們所擁有的休閒時間認知才會產生差距，專家認為現代生活空閒的時間可是比一九五〇年代還多呢[33]！

艾希莉・威蘭斯（Ashley Whillans）在《時間的智慧》（*Time Smart*）一書中寫道：「人們越來越難享受悠閒的時光，當我請大家思考背後的原因，他們往往會以為是因為空閒的時間變少了。這就是科技的陷阱，時間碎片讓我們覺得自己沒有時間，儘管事實並非如此[34]。」

心流狀態會讓我們精力充沛，但時間碎片非常消耗心力，試圖一次抓住太多東西會影響大腦的工作記憶，讓我們感到筋疲力盡。一心多用工作一整天後，我們將變得極度疲勞，即使知道和朋友見個面、上健身房運動、出去散步遛狗都能讓自己感覺好一些，而且白天已經長時間盯著螢幕，我們卻沒有力氣去做任何事情，只能拿著遙控器或手機窩在沙發裡。

於是和工作時一樣，我們大部分的閒暇時間都在使用智慧型裝置，這些所謂的「娛樂」（也許能使人放鬆或麻木）無法帶給我們有趣的靈魂、社交連結和心流狀態，甚至無法幫助我們活在當下，花再多時間也不能帶來真正的樂趣。

偶爾從現實生活中抽離是好事，但我們依賴這些裝置所從事的活動大多都是「偽樂趣」，通常以自我藥療、娛樂消遣、消費犒賞*的形式包裝，實則只會讓我們變得更加焦慮和孤獨。

---

* 銀幕與生活失衡會帶來一個矛盾：我們渴望樂趣，卻累到沒力氣去求樂趣。只好拼命買東西，因為這樣比較簡單，把一台平面電視放進網路商城購物車裡，遠比籌辦一場派對更容易。但是買了東西，又得工作更長時間來付錢，工作更長時間又會使你更累，只能一直看著你買的電視，沒力氣去追求真正的樂趣。

智慧型手機改變了大腦

就像是經典小說《小氣財神》（*A Christmas Carol*）的故事在真實生活中上演，我手裡抱著女兒，靈魂卻抽離身體的那天晚上，她抬頭看著我，而我正低頭盯著手機裡的購物網站。耶誕鬼魂找上男主角史古基（Scrooge）讓他預見自己未來的下場，因而下定決心痛改前非；我也在那一瞬間恍然大悟，如果我再不做出改變，我的未來就會和今夜一樣，把一生光陰浪費在根本不重要的事情上，甚至讓我的女兒也這樣長大。我嚇壞了，立刻決定要做出改變。

我真心感激這件事情所帶來的頓悟，卻也不禁會想：為什麼我沒有早點發現呢？螢幕和生活的平衡早已失常，即使我沒有上癮，但確實出現強迫症狀，而且已經持續好幾個月甚至更久。究竟為什麼，卻是睡眠不足所造成的恍神才讓我認清現實？

我回想起，二十二歲時被診斷出罹患第一型糖尿病。所有症狀當時我全都有：永遠餓得像頭牛，口渴到夢中曾出現氣泡礦泉水，半夜還起床在宿舍浴室直接喝水龍頭的水。我吃個不停，體重卻掉了九公斤，最後在室友提醒下才去看醫生，立刻就確定是得了糖尿病。回想起來答案顯而易見，然而當下我並不曉得，因為我從來沒想過自己得病的可能。也因為那時血糖實在飆得太高，大腦根本難以正常運作。

今日的科技發展也是如此，理論上來說我們應該輕易覺察到智慧型裝置正讓我們的生命無光，正在阻擋我們創造真正的樂趣，還同時加重了我們的焦慮。我們只需要理性地觀察自己和智慧型手機的關係，就會發現雖然有時是為了工作，很多我們使用手機從事的「娛樂」其實一點也不有趣，更別說有意義或能帶來成就感，這麼一來大家就能成功戒掉手機才對。

例如我們會覺察到，依按讚數量多寡決定從事的活動，是很沒有意義的；也會發現為了找尋真愛而註冊交友軟體，其實正在扼殺我們認識新對象的機會（雖說確實很多人也在上面遇見另一半），因為只憑一張大頭貼就隨意把他人的簡介頁面左滑右滑，像在玩手機遊戲一樣，卻沒想過這些照片背後到底是不是真實存在的人類。其實我們都心知肚明，查看他人在社群媒體上刻意美化過的照片，長時間負面瀏覽網路新聞，不斷刷新電子郵件頁面，花好幾個小時打電動，或者在網路上買自己不需要的東西，這些都不會讓我們活得更好。

但究竟為什麼，我們卻並未停止？

因為智慧型手機已經改變了我們的大腦。

先進的演算法經過科技界的刻意設計，讓我們的眼睛完全離不開智慧型裝置的螢幕。這些大型企業設法利用消費者的頭腦來對付我們自己，大腦中的神經化學因而產生改變，使我們以為自己正在享受樂趣，實則並非如此。我們的行為只會使這些應用程式背後的科技公司獲利，對我們自己卻沒有益處。

也就是說，你和手機的病態關係，其實錯不在你，我知道許多人會覺得自己不夠自律，花太多時間盯著螢幕而苛責自己。事實上怪罪自己對科技產品上癮，就像抽菸的人為了具有成癮性質的尼古丁感到自責。很難戒掉滑手機並不代表我們缺乏意志力，是因為這些應用程式的設計，本意就是要使人們上癮。

這樣的設計方式是受到注意力經濟（attention economy）的影響，更嚴重卻也貼切的說法便是監視資本主義（surveillance capitalism）。那些最難以戒除、最消耗我們時間的應用程式都是這個產業鏈的一部分，在此種經濟模式裡，人們的注意力取代了產品和服務，成為市場上買賣交易的商品[35]。

隨著《智能社會：進退兩難》（The Social Dilemma）和其他紀錄片的出現，人文科技中心（The Center for Humane Technology）創辦人崔斯坦·哈里斯（Tristan Harris）等前科技巨頭主管也紛紛提出警告，人們開始逐漸意識到注意力經濟所帶來的問題。但手機成癮對人們感受真正樂趣的影響實在太大，我必須向各位說明一下這究竟是如何造成的。

在注意力經濟的世界裡，我們每一個人都是使用者（多麼心機的說法！）而非顧客或廠商，而我們的注意力就是正在被販售的產品。刊登廣告的廠商才是客戶，他們會花錢請另一個企業如某個社群媒體應用程式設法獲得使用者的注意力*。當我們在應用程式上消耗越多注意力，這個社群媒體就會讓我們接收越多量身打造的廣告和內容（同時也收集關於我們的資料，以利在未來不斷改善精準度），藉此賺取更多利潤。

注意力經濟圈裡的所有應用程式和網站可不是為了讓我們彼此串聯、得到快樂、啟發靈感、增加知識或提升自信而設計，更不能讓我們享受樂趣。無論怎麼宣傳，它們都有相同的目標，那就是盡可能頻繁地中斷我們的現實生活，並讓使用時間越長越好。

在《智能社會：進退兩難》中，協助推出「按讚」功能的前臉書工程師賈斯汀・羅森斯坦（Justin Rosenstein）便說：「我們的注意力是可以不斷開發的資源，對這些大型企

* 我們雖然把注意力給了廠商，但他們並沒有付錢給我們。專家估計如果科技廠商必須要為我們的注意力付錢的話，則一個四口之家每年可獲得兩萬美元。見 Jaron Lanier and Adam Westbrook, "Jaron Lanier Fixes the Internet," The New York Times, September 23, 2019. https://www.nytimes.com/interactive/2019/09/23/opinion/data-privacy-jaron-lanier.html 我們不但使得科技廠商獲得巨大財富，而他們販賣的東西，正是從我們這裡偷走的。

業來說花費時間查看應用程式、點閱廣告的使用者，自然比花時間把生活過得豐富的人更有價值」。

科技專家以及虛擬實境的早期推廣者杰倫・拉尼爾（Jaron Lanier）指出，這些企業想利用的不只是我們的注意力，廣告廠商和置入內容的金主付錢給臉書等科技巨頭，可不單純為了抓住我們兩、三秒鐘的注意力，而是要影響使用者做出能讓他們成功進帳的行為。他在書中寫道，「使用者行為和想法上細微的變化才是真正值錢的商品，從前所謂的廣告，如今成了一個規模極其龐大、持續不斷的受眾行為改變[36]」。

這些科技公司利用適應演算法（adaptive algorithm）來改變我們的行為，也就是一種讓應用程式能夠從我們與其互動的過程中學習，進而提供更加個人化的廣告與內容的電腦程式技術*。當你和朋友聊到某樣東西，比方說對方腳上的鞋子，隔天同一雙鞋子的廣告就出現在你的手機裡，而你從未上網搜尋，像這樣讓人起雞皮疙瘩的事情就是透過適應演算法達成的[※]。

這些互動的代價看似微不足道——你排隊購買午餐時，看了一下演算法為你挑選的新聞報導或社群貼文，有何不可呢；你依據演算法的推薦做出選擇，那又如何呢？演算法也許正好推了你一把，幫你朝自己想要的方向前進，例如透過廣告剛好讓你看到想買的東西。更何況，這只是我們每天無數個選擇的其中之一。

人們受演算法影響而做出的事情只是其中一個問題，我們因此「沒有去做」的所有事情才是真正嚴重的部分。特別是應用程式及演算法設計者的獲利方式與我們真正想要的生活完全背離，與其去想放下手機會錯過哪些資訊，我們更應該關心拿起手機後絕對會錯過的理想生活。簡單說，追著演算法跑的每一分鐘，就是在浪費掉可以留給自己的時間：讀一本書、練習樂器、與人交談、或只是看看天空都好。我們越是縱容時間被切成碎片，就越是成了需要培養並維護公共形象的商品，也會越難以進入心流狀態，忠於自我並獲得真正的樂趣。

不僅如此，我們可不是一天只接觸一兩次演算法所推薦的廣告和內容，一天可能會查看手機數十、甚至數百次。受演算法左右一次也許只是小事，但加總起來所帶來的效

＊對於廠商來說，AI演算法極其寶貴，這點可從演算法獲得嚴密保護得證。不管是美國中情局CIA還是國安會的機密資料，都曾一再被盜，但人們從來沒聽過谷歌或臉書的演算法出現在暗網上。見 Jaron Lanier, *Ten Arguments for Deleting Your Social Media Accounts Right Now* (New York: Henry Holt and Co, 2018), p. 91.

※如果你有過這種恐怖經驗，你一定會懷疑你的手機被監聽了。但專家指出，這點不太可能，更可能的解釋是「行為預測引擎」，亦即演算法，正確發揮了功能。見 Roger McNamee, *Zucked: Waking Up to the Facebook Catastrophe* (London, England: Penguin Press, 2019), p. 219.

應，恐怕將影響人們的自由意志。

卡爾蒂克．霍薩納加爾（Kartik Hosanagar）在關於演算法的著作《人類的機器智慧指南》（*A Human's Guide to Machine Intelligence*）當中寫道：「問問周圍的人他們是如何決定購買什麼產品、訂閱哪家媒體、和什麼人做朋友。演算法正默默影響每個人的生活。演算法的出現原先是為了幫助我們做出更快、更好的選擇，讓人們有更多時間陪伴家人、從事娛樂。現實卻並非如此，現今我們所做的許多選擇其實都是經由他人操弄的結果，演算法微小的效應累積起來使我們的人生產生重大的轉變。畢竟正是生命中所做的一連串選擇，最終決定了我們成為怎樣的人[37]」。

如果感覺自己離不開螢幕，行為表現和自身價值觀並不相符，也沒辦法創造真正的樂趣，這並不代表我們就是失敗者，而是顯示這些應用程式設計者有多聰明，經過不斷研發改良終於有效地控制了我們。

「試想年輕有為的科技創業家參與讀書會、研討會、工作坊或培訓課程，學習『如何讓使用者在應用程式中花費更多時間和注意力』。整個公司的工程師，每天的工作就是研發讓人們對手機更加上癮的新技術[38]。」崔斯坦・哈里斯這麼寫道，他曾是Google的產品哲學家，後來終於理想破滅，並決定共同創建人文科技中心。

這群人我不想稱他們工程師，我更想稱他們是注意力小偷，他們運用自己稱之為「大腦駭客」（brain-hacking）的技術使人們離不開智慧型裝置，藉此創造更多改變使用者行為的機會，將結果導向對他們有利的方向。臉書首任總裁西恩・帕克（Sean Parker）（後來成了社群媒體的頭號反對者）二〇一七年出席一場費城的媒體活動時就曾說過，「臉書的出現是一切的開始，這些應用程式背後的思考模式通通聚焦在『如何盡可能消耗使用者最多的時間和注意力[39]』」。

這群注意力小偷的點子，源自一台同樣會產生偽樂趣的機器：吃角子老虎機。事實上這兩種東西有許多共同點，因此哈里斯等專家喜歡稱智慧型手機為放在口袋裡的老虎機。

根據哈里斯的說法，「當我們從口袋裡拿出手機，查看有哪些新的通知，這種行為就像是在玩吃角子老虎；用手指向下滑更新社群媒體頁面看看會跑出什麼新照片，不斷重開電子信箱收件匣查看是否收到新郵件，在交友軟體上左滑右滑期待配對到什麼新對象：這些都像是按下老虎機機台的按鈕一樣」。

這下大事不妙，因為老虎機被視為是人類發明過最容易上癮的機器之一。對這些技術瞭解的越多（它們被委婉地稱作「說服式設計」persuasive design），我就越替大家和我們的下一代感到害怕。我們對智慧型裝置已經出現成癮行為*，大家卻不願意（或沒辦法）承認問題有嚴重，因為所牽涉的範圍實在太廣了。

想要知道這個問題有多嚴重，不妨仔細觀察你身邊的人如何和手機互動，是否一邊假裝看著小孩踢足球一邊處理工作郵件，一邊穿越擁擠的十字路口一邊和他人傳簡訊，一邊開車一邊打字回覆訊息等。餐廳裡許多客人會把手機放在桌邊，好像它也是餐具擺設的一部分。全家人「一起」用餐，每個人卻都在盯著各自的手機。觀察朋友的行為、家人的行為、再觀察自己的，就會覺得他們手裡拿的不是手機，而是香菸或針筒。

網路科技成癮防治中心（Center for Internet and Technology Addiction）創辦人大衛．格林菲爾德（David Greenfield）設計了一項叫做「智慧型手機強迫症測驗」（Smartphone Compulsion Test）的評量工具，可以了解自己和科技的關係是否已經失調。問卷有十五題，只須回答「是」或「否」，問題包括「使用手機時是否會忘記時間的流逝」和「即使需要打斷手上的事情，是否無時無刻都會查看並回覆簡訊、推特、郵件」等等。只要上該中心網站，就可做這個測驗。

如果有超過五題回答為「是」，就代表你的手機使用習慣不正常或具有強迫傾向。如果得分超果八分，「可能需要向專精於成癮行為的諮商心理師、心理醫師或精神治療師尋求幫助」。

其實，只要你擁有智慧型手機，一定無法通過這項測驗，就連格林菲爾德本人的問卷結果也很糟。問題不在這份問卷，而是大眾過度使用手機的問題遠比我們以為的更加廣泛且嚴重。就連 Google 所公布的報告都顯示人們和手機的互動方式「具有成癮性」，使用者會不斷刷新應用程式頁面，希望有新的內容出現[40]。也就是說，我們全都上癮了。

要想奪回大腦的控制權並開始創造真正的樂趣，必須先了解我們的大腦是如何受到

* 美國精神醫學會（American Psychiatric Association）對成癮行為的簡單定義是「強迫性的…雖然結果有害，依舊使用」。見 American Psychiatric Association, "What Is a Substance Use Disorder?" Addiction and Substance Use Disorders, December 2020. 換句話說，你明知某事對你不好，但你無力對抗它。當成癮變得嚴重時，關係就會受到影響，例如不再投入以往喜歡的社交活動，當自己成癮的事物被剝奪時將變得易怒。

控制的。

簡單說，智慧型手機和吃角子老虎機都是透過劫持大腦的神經系統來控制我們，這兩種發明背後的機制都會讓大腦釋放多巴胺——一種化學物質，大腦在感受到真正的樂趣以及偽樂趣時都會產生。

換句話說，大腦記錄一件事情值得再次去做的方法，就是分泌多巴胺[41]。

大腦多巴胺系統最重要的功能就是幫助人類判定、記憶以及重複能幫助物種生存的活動，例如食物和性都能促使大腦釋放多巴胺。即使並不直接影響個體存活與否，多巴胺也會對其它有益於生命存續的活動有所反應，例如建立社交關係，或者享受樂趣。

問題來了：我們的多巴胺系統並不會分辨，正如指南針分不清地磁和冰箱磁鐵的磁力，人腦無法分辨造成多巴胺分泌的刺激對我們是否有益，自然也不會知道樂趣還有真假之分。

多巴胺的分泌完全是自動化的生理機制，大腦每次接收到啟動訊號時就會釋放多巴胺，就這樣。不管這件事情是否值得重複執行，人類就會再度尋求同樣的刺激（沒錯，多巴胺在成癮行為上扮演重要角色）。正因如此偽樂趣才這麼難以戒除，產生多巴胺的過程會讓我們以為感受到的快樂都是真實的。

而應用程式設計者就是這麼做的。「只要每隔一陣子稍微刺激多巴胺的分泌，好比有人幫你的照片、貼文按讚或留言，使用者就會想要上傳更多內容，接著就會在上面得到更多回饋。這是一種社會肯定的無限迴圈，就是像我這種駭客會想出來的點子，利用人類心理上的弱點來對付我們自己」[42]。臉書前總裁西恩・帕克這麼解釋那些科技公司如何消耗使用者大量的時間和注意力。

知道如何辨認的話就會發現，我們的手機上充滿能刺激多巴胺分泌的因子，但最容易讓我們浪費時間追求偽樂趣的要素，莫過於以下這三者：新奇有趣、回饋獎勵和不可預測性。只要我們對這些要素足夠了解，就有機會成功戒掉手機。

新奇有趣：當人類經歷新的事物，大腦就會分泌一點點多巴胺，這從演化的角度來看十分合理——追求新奇的事物會帶給我們動力，也能讓我們不斷進步。許多充滿樂趣的回憶的確都是我們第一次經歷的事情，回想你的初吻、第一次開車或者初次踏上某個新景點的感受。正常情況下這樣的新鮮感會逐漸淡去，我們也就可以專注在下一件事情，或下一個人身上。但手機卻是永遠滑不膩，因為每次打開都能看見一些新內容，沒有新的郵件那就看看社群媒體，滑完社群媒體還是不滿足的話，還有看不完的網路新聞。

就像人體對藥物的耐受性會逐漸增強，大腦越是習慣透過智慧型裝置獲得固定的刺激，就會開始需要更多的多巴胺來滿足我們的渴望，因而又變得更加依賴這些裝置。比起打開 Instagram 那一瞬間所獲得的偽樂趣，聽音樂或者和朋友出遊這些原先能刺激多巴胺分泌的活動，變得難以令我們開心、滿足。最後我們都變得像實驗室裡的小白鼠一樣，受到操縱而不停按下按鈕，渴望獲得更多回饋。

回饋獎勵：回饋也是激發多巴胺分泌的一大因子。吃角子老虎的回饋就是金錢；手機提供的只是短暫且膚淺的回饋，例如在社群媒體上所獲得的那些按讚跟留言。其實我們或多或少都知道來自網路世界的認同毫無意義。我們也很在乎排名和階級，每個人都有強烈的慾望要展現自己的社會地位。

杰倫．拉尼爾在《十個離開社群媒體的理由》（*Ten Arguments for Deleting Your Social Media Accounts Right Now*）書中也提到這種現象：「大家突然陷入不請自來的無聊競賽，看看彼此有沒有跟朋友一樣上傳很多厲害的照片？追蹤人數怎麼沒有其他人多？持續的社交焦慮會讓人們對社群媒體更加依賴，大腦裡內建的社交監測機制使我們極度害怕在社會階級上矮人一截，因為如同在非洲大草原上生活，最弱小的個體總會第一個成為犧牲的獵物[43]」。

荒唐的是，許多在網路世界裡幫我們按讚的人可能根本就不存在。社群媒體有上百萬個假帳號，你拋下真實生活，跑去苦苦追求的按讚和追蹤，有一部分甚至來自機器人。我們的生活就是因此而變得扭曲。臉書前用戶成長副總裁查馬斯．帕利哈皮提亞（Chamath Palihapitiya）二〇一七年在史丹佛商學院的一場活動中就曾直白地說道[44]：「人們試圖在社群媒體上營造完美生活的意象，因為按讚、留言、愛心貼圖這些短暫的回饋能讓我們得到慰藉，但這些短暫藉慰卻會與我們的自身價值和真實生活相互混淆；最後使用者只得到虛假又薄弱的人際互動，在短暫的滿足之後你覺得更加空虛了」。

而且我們不可能預測他人何時會按讚，留言會是什麼內容，這又讓情況更糟了。

不可預測性：你可能會以為，人們會樂於去做確定有好結果的事，但這樣其實很無聊。對我們的大腦來說，不確定性比明確的結局有趣太多了，好比一部電影總是在第一次看時最享受。當不確定性和回饋結合在一起，也就是說當我們是以無法預測的頻率獲得報酬（正如老虎機和應用程式的機制），這是最容易讓人上癮的狀況，心理學家稱之為間歇性強化（intermittent reinforcement）。這對刺激多巴胺分泌非常有效，也是最能有效操控人類行為的手段之一（在情緒暴力的關係中亦非常常見）。

事實上，「可能發生的回饋」能讓大腦釋放兩倍的多巴胺（和「確定的報酬」比較起來）[45]。因此即使正在處理要事或和他人談話，可是一聽到提醒音效或感覺到電話震動，就會忍不住查看手機*，這也是為什麼很多人熱衷於參與社群媒體上的政治辯論，你和他人意見不合吵了起來，滿心期待著對手會怎麼回覆你的挑釁。

新資訊出現的時間沒有規律週期，我們永遠不會知道何時會收到、是什麼內容，於是我們和手機變得形影不離，無時無刻都在注意它，即便最後獲得的報酬毫無意義，這種不可預測性就是能刺激大腦釋放多巴胺，讓我們想要不斷重複查看手機。

人類的大腦受到不可預測性吸引，這在演化上本來是件好事，使我們保有好奇心，不容易感到自滿，不會失去嘗試新事物的機會。這種特性也讓我們的生活變得更加精采，受到未知的事物吸引因而得到新的體驗，創造種種美好的意外。正因如此，順其自然是體驗真正樂趣的要素之一，有些人在面對不確定的未來時，反而會覺得特別開心。

但我們必須小心多巴胺來攪局，要特別注意自己反覆進行的動作是什麼，頻率有多高。智慧型手機包含多種間歇性回饋（我們又隨時隨地都會查看手機），使得好奇心很快就成為一種強迫症狀。加州大學舊金山分校小兒科內分泌名譽教授羅伯特．路斯蒂格（Robert Lustig）在他的著作《駭入美國腦》（*The Hacking of the American Mind*）中就表示，當多巴胺機制遭到利用，「手機影響人類大腦的方式就跟藥物一樣」。

沉迷手機的後果

二〇〇七年賈伯斯發表第一代 iPhone 的時候，沒有人想到這項他口中稱之為「劃時代」的裝置，對使用者究竟會有什麼影響。全人類都開始使用智慧型手機，我們從此生活在一場規模巨大、沒有控制變因的科技實驗中。

大家都知道使用這些裝置的好處是什麼：生活更加便利、容易與他人聯絡溝通、無窮無盡的娛樂和資訊；至於我們因此失去了什麼，就不太清楚了。無論如何目前可以確定的是，人類和智慧型裝置的關係正在改變我們，這點已由創造這些裝置的科技巨頭證實，讓我感到特別不安※。

---

* 手機無時無刻都在傳通知鈴聲，會使我們開始期盼這些通知出現，到了一個可怕的程度，只要電話在身邊，甚至是電話關機的時候，大腦都會因為渴望通知而開始分泌多巴胺。這種持續的渴望還會造成幻覺，研究人員發現，許多人有「震動幻覺」的假象，亦即他們以為口袋裡的手機在震動，其實手機根本就不在口袋裡。見 Michelle Drouin et al., "Phantom vibrations among undergraduates: Prevalence and associated psychological characteristics," *Computers in Human Behavior* 28, no. 4 (2012): 1490-1496.

※ 賈伯斯曾說，他限制自己孩子使用 iPad 等裝置的時間，在家晚餐時不可使用 iPad，大家聊的是書籍內容、歷史等。比爾蓋茲夫婦的孩子則是要到十四歲才能擁有智慧型手機。見 Nick Bilton, "Steve Jobs Was a Low-Tech Parent," *The New York Times*, September 10, 2014.

臉書前用戶成長副總裁查馬斯・帕利哈皮提亞二〇一七年在史丹佛商學院的活動上便說道：「每個人都只有一個大腦，無論你是否想起、是否知道、是否承認，你的所作所為都在對大腦進行訓練；我們每天花好幾個小時使用的手機，同樣也正讓我們的生理和心理發生改變[46]」。

最簡單的解決方案，就是放下這些裝置，重新過好我們的生活（如果我們還懂得怎麼生活的話）。但要離開網路世界，光用想的就已經很困難，我們早已深陷在這種惡性循環中，大腦已經認定查看手機是值得一再重複的任務，無法使用手機時就會被錯失恐懼（Fear of Missing Out, FOMO）的焦慮與不安淹沒。

真正的樂趣使我們專注當下，感受到這種樂趣會使人們心滿意足；錯失恐懼則會讓人難以專心，焦慮不已，甚至會讓身體釋放一種叫做皮質醇的壓力賀爾蒙，這種賀爾蒙本來是幫助我們面對真實世界的生命危險，比方說遭到獅子追趕的時候。

網路科技成癮防治中心創辦人大衛・格林菲爾德告訴我：「我們血液中的皮質醇濃

度會因為身邊的手機而升高，聽到通知鈴聲或誤以為聽到鈴聲時也會。這是一種壓力反應，令人感到不適，因此人體的自然反應就是會想查看手機，讓壓力的來源消失。」

這時人們當然是拿起手機開始使用。接著會發生什麼？大腦受到刺激分泌多巴胺，進一步強化了查看手機可以減輕焦慮的想法，因而判定這值得重複執行，於是又不斷循環下去。

不幸的是，就像大腦的多巴胺機制無法分辨習慣的好壞，皮質醇機制也不會知道哪些是真正的危機，哪些只是心理因素（或者應該說哪些是生命危險，哪些只是無關緊要的小事），一概都以同樣的方式反應。

為了應對緊急狀況而在短時間內大量分泌的皮質醇，可以幫助我們活下來（例如心跳加快、血壓升高，還有讓肌肉充滿能量幫助逃跑）。令人十分擔心的是，當我們長期在焦慮狀態中，血液中的皮質醇濃度持續偏高，會影響我們的健康，甚至導致早死。皮質醇長期過高的狀態已經證實會提高許多健康問題的發生機率，包括憂鬱、焦慮、肥胖、代謝症候群、第二型糖尿病、心臟病、中風、高血壓、不孕、消化不良、阿茲海默症甚至癌症[47]。

我們和手機形影不離的關係竟然會增加心臟病發的機率，這乍聽之下簡直荒唐無比。

我當然不是在說滑手機就跟抽菸一樣致命，但我曾為紐約時報撰寫一篇文章，關於長時間持續使用手機是否會影響賀爾蒙分泌並危害健康，當時問了很多專家，他們全都認為這種說法一點也不誇張[48]。

更糟的是，長期承受壓力會影響大腦的日常運作，皮質醇濃度長期偏高可能讓我們的注意力縮短、意志力減弱、自制力降低、反應速度變慢、手眼協調變差、計畫及執行任務的能力下降，還會影響情緒控管、學習能力、視覺與言語記憶等等[49]。

彷彿這一切都還不夠糟，智慧型手機也會大大影響我們的生活品質，並在不知不覺中使我們喪失創造真正樂趣的能力。就拿感受人際連結這件事來說，我們需要完全專注在當下，才能和他人深入交流，只要有部分心思分散在手機就無法達成；研究結果也顯示，光是在餐桌上放置一台手機，雙方的談話品質及親密程度就會下降[50]。

除此之外，由於智慧型手機上充滿讓人分心的機會，使得我們保持專注的能力降低許多，更別說要進入心流狀態；正如先前所討論的，沒有心流狀態，就無法體驗真正的樂趣。

若我們不專心，也就更難創造回憶；若我們沒有徹底專注投入某件事，則這件事就很難進入大腦的記憶。換句話說，我們埋首手機螢幕中的每個片刻，都正在錯失真實生活裡的體驗，錯失永遠無法擁有的回憶。

智慧型手機甚至會使我們記不住自己曾親身經歷的事情：短期記憶要轉化為長期記憶需要在大腦裡實地進行運作（更準確地說是產生一種新的蛋白質），處理過程中只要我們一分心就會受到干擾[51]。

要是沒有記憶，我們就會因為缺少了連結想法的資訊或體驗，很難對事情產生自己獨到的見解（我將其定義為把看似無關的事情連結在一起的能力）。這也意味著人類和智慧型裝置失常的關係，**已經影響我們深度思考和獲得靈感的能力**。

另外，智慧型手機源源不絕傳送爆炸的資訊量也會影響我們的創造力。無數容易取得、質量低下的知識來源，讓我們的大腦難以負荷，過多的資訊導致我們無法思考。許多富有創意的靈感和見解之所以會在洗澡時浮現是有原因的：這是極少數我們會讓大腦完全放鬆、漫遊、玩樂的情境（過去在走路時也是如此，但現在很多人會一邊走路一邊回覆訊息或收聽播客，大腦不能算是真正在休息）。我們無時無刻都在滑手機、逛網站、聽音樂、看影片——大家不間斷地在接收資訊，就像是持續用大量資訊在沖刷我們的大腦，完全不讓它有機會冒出新的見解、靈感和念頭。

如同格雷格．麥基奧恩（Greg McKeown）在《少，但是更好》（*Essentialism*）書中所寫，「由於人們完全不給自己感覺無聊的機會，我們也損失了思考和消化的時間[52]」，想要成為有創造力的人，而不只是被動接收資訊，我們需要從這些裝置中抽離，給大腦一些喘息的空間。

我的結論是，螢幕使用時間與真實生活的不平衡，正在傷害我們的人際關係、生產力、創意思考、自我價值、記憶力、專注力、睡眠品質、可靠程度以及身心健康（這些影響，在兒童及青少年身上可能更加嚴重，因為他們的大腦尚在發育）。我們判斷事情優先順序與做出正確決策的能力受到影響，不斷消耗精神且感覺身心俱疲；智慧型裝置吸引我們接收大量資訊，逐漸侵蝕工作和家庭生活的界線；它讓我們遠離真正重要的事情，使我們感覺心如死灰，也摧毀了感受真正樂趣的能力。

最後這一點遠比大家所想像的重要，因為真正的樂趣不只比長時間工作和使用螢幕更能讓我們感到快樂，還可以預防、彌補許多它們所造成的負面影響。也就是說，在人類最需要真正樂趣的時刻，我們卻離它越來越遠了。

第3章 真正的樂趣，就是答案

生命裡剩下的每一天我都會用盡全力享受樂趣，因爲這就是活著的唯一解答。

——蘭迪．鮑許（Randy Pausch）《最後的演講》（*The Last Lecture*）[53]

「真正的樂趣」對於我們身心健康有很多好處，會為人生帶來驚人的變化。但我想先強調，讓生活充滿真正樂趣最大的好處，還是在於享受「樂趣」這件事。我們都應該讓自己的生活擁有更多的真正樂趣三要素，亦即有趣的靈魂、社交連結和心流狀態，原因並不在於這樣對我們好，而是在感受到這三種要素的時候，會使我們覺得很棒，真的非常棒，比你使用手機所做的任何事情都還要更棒。

「真正的樂趣」對我們身心健康所帶來的正面影響效果驚人，螢幕與生活失衡時帶來的負面影響有如漩渦讓我們向下沉淪，可是真正的樂趣則猶如陣陣春風令我們神清氣爽。此外，這三種要素為身心健康所帶來的好處更有互相加乘的作用。

讓我們來分別談談真正樂趣的三項要素吧。

有趣的靈魂

斯圖爾特．布朗（Stuart Brown）是世界著名的玩樂提倡者，他曾說「最能感覺生命存在的時刻，最棒的那些回憶，都與玩樂有關[65]」，然而許多成年人下意識就會抗拒玩樂的念頭，有時候「人對玩樂的抗拒程度令他吃驚」。在《就是要玩：告訴你玩樂如何形塑大腦、開發想像力、激活靈魂》

對我們絕對有益的事，且可透過樂趣更加強化	對健康絕對有害的事情，且會因為我們過度使用手機而惡化
• 沒有焦慮和壓力（壓力在短期衝刺時最有幫助，能讓我們克服困難） • 自信 • 生活充滿幽默 • 笑口常開 • 穩固的社交連結 • 社群歸屬感 • 融入自然、真實的世界 • 身體常有活動或運動 • 專注投入當下 • 人生有目標 • 掌控自己的生活	• 長期焦慮與壓力[54] • 缺乏自信[55] • 生活缺少幽默[56] • 沒有笑容[57] • 遠離人群[58] • 感到孤獨[59] • 與自然、真實世界斷聯[60] • 久坐少活動[61] • 一直分心[62] • 漫無目標[63] • 生活失去控制[64]

（*Play: How It Shapes the Brain, Opens the Imagination, and Invigorates the Soul*）書中，布朗更提到有次他提議應該更重視玩樂，聽眾的怒氣讓他都以為自己要被揍了。

撇開那些聽眾的反應不談，我認為玩樂的概念帶給我們的不自在，是因為我們誤解了玩樂。只要一聽到「玩」這個字，就會聯想到一些敏感的事情，比方說「玩弄」，於是大家就會感到不舒服，告訴你他們不喜歡這樣。此外，許多人也認為「有趣的」這個形容詞只適用於小孩，或者意味著你是個愛開玩笑、總是嘻皮笑臉的人，彷彿擁有有趣的靈魂就代表必須整天裝瘋賣傻。

根據布朗的定義，玩樂代表的是一種心境，如同真正的樂趣，雖然可以經由特定活動激發，卻也並非完全依賴這些活動。他在書中寫道，「玩樂會讓人陶醉在裡面，應該要漫無目的，能帶來快樂，使我們忘卻自身煩惱與時間的流逝，並讓我們想要再來一次[66]」。

令人感到安慰的是，儘管運動、桌遊、變裝派對、搞笑舉動和扮家家酒都屬於玩樂的範疇（孩子們可都是玩樂大師），人們玩樂的方式絕不僅止於此，也不是非得做這些才能當個有趣的人。「有趣的靈魂」指的是那種能讓他人卸下心防、拋開大人的偽裝、暫時不管事情後果、敞開心胸主動去追求發揮幽默、與他人愉快交流的機會。單純談天說笑也是一種玩樂，能讓我們輕鬆笑出聲來。這就說到重點了：我們並不是非得當個搞笑的人才能擁有有趣的靈魂，單純讓對方知道你欣賞他人的幽默，也能幫助你融入這股趣味的能量中。

釐清這些對玩樂的錯誤認知非常重要，斯圖爾特·布朗就說過，沒有玩樂的人生等同失去了活著的價值，「沒有玩樂的人生不是只缺少遊戲或運動，還會錯過書本、電影、藝術、音樂、笑話、奇人軼事。想像沒有調情、沒有白日夢、沒有喜劇、沒有反諷的人生，該有多麼令人沮喪。進一步說，人生因為玩樂而不凡，有時我甚至會用氧氣來比喻，它無所不在，卻只有在消失後才會引起注意或受到感激[67]」。

布朗在書中是這麼說的：「玩樂的停止，就是生命凋零的開始[68]。」

每個人其實都知道樂趣是什麼，以及要如何讓生活變得有趣，想想上次你和小狗（或小貓）互動的情形就是了。學者約翰·赫伊津哈認為玩樂是「生活不可或缺的一塊，比起攝取營養、繁殖後代、自我保護這些生物本能位居更高的層次[69]」，因此玩樂的重要性不可抹滅[70]。另外，布朗也指出，多數動物都有玩樂的行為，包括所有哺乳類和許多爬蟲動物。

「有趣的靈魂」也能幫助人們找回自我，英國精神分析師溫尼考特（D.W. Winnicott）在一九七一年出版的經典著作《遊戲與現實》（*Playing and Reality*）中就寫到，「唯有在玩樂之中大人和小孩才能盡情發揮創意、展現個性[71]」。對此，布朗更指出，在享受樂趣的過程裡培養而成的，才是真實的自我[72]。

這個全新的自我，將會是更加聰明、更健康的自我。玩樂已被證實可以幫助大腦產生一種名叫腦源性神經營養因子（BDNF）的蛋白質，能刺激與情緒處理及判斷決策相關的神經增生[73]。布朗也提到，長年持續玩遊戲、探索學習的人（這兩件事都算是一種玩樂），「不只罹患癡呆症及神經傳導問題的機會降低許多，即使看似和大腦沒有直接相關，也較不易有心臟病或其他心血管疾病問題[74]」。約翰．拜爾斯（John Byers）等科學家亦發現動物在生命歷程中，最常玩樂的時期通常也是小腦獲得最大發展的時候[75]，因為小腦在人類手眼協調、身體平衡、騎腳踏車或演奏樂器等運用肌肉的任務、以及處理語言和情緒等認知任務，都扮演重要的角色[76]。

就算你平常不習慣釋放玩心、培養有趣的靈魂，這些事也將在生活的其他面向激起陣陣幸福、滿足的漣漪。生活教練卡羅琳．亞當斯．米勒（Caroline Adams Miller）在她的著作《創造你的完美生活：終極生活指南》（*Creating Your Best Life: The Ultimate Life List Guide*）中寫道：「如果客戶願意在生活中融入更多玩樂的活動，就能過得更好、感覺更棒，對於增進健康、改善社交、激發創意及保有對生活的熱情都非常有幫助[77]」。

如同米勒所提到的，有趣的靈魂有助於我們增進社交關係，這完全說得通，因為有趣的靈魂就是自信和親密的展現：如果在某個人身邊你能夠展現自己有趣的一面，這就代表著在他身邊你是自在的。反過來說，想要和某個人變得親近，有趣的靈魂絕對能幫助你和他人建立連結。因此學者米格爾．西卡特（Miguel Sicart）說玩樂是「串起回憶和友誼的繩索[78]」。想想在自己的生命中，認識最久、最珍視的朋友，還有一些你們共同經歷最棒的回憶，極有可能都有玩樂的元素存在其中。

有趣的靈魂也是增加人際吸引力的好方法，無論是伴侶、同事或朋友，待在有趣的人身邊就是比較開心。想想你最喜歡共度時光的那些人，最能讓你常保微笑、心情愉快的那些人，試著用一些詞語來形容他們，相信有趣會是最先浮現腦海的字眼。

和他人一起玩樂時，我們的情緒變化就如同約翰．赫伊津哈所形容的「全心投入、感受無盡的快樂，短暫地徹底忘卻那個討人厭的『可是……』感覺[79]」。不僅如此，當你帶著趣味與他人相處，有趣的靈魂將在人與人之間創造連結，即使玩樂停止也不會中斷。所以當一群朋友重新相聚，即使已經十年以上沒見，馬上就能重新找回彼此之間的默契（也是因為如此，分享只有朋友間才知道的笑話令我們感到這麼開心）。如同赫伊津哈所說，這是「『身雖分離，心卻在一起』的感受……攜手暫離世俗的煩擾和成見，即使在遊戲結束後，魔法咒語依然有效[80]」。

我在吉他課的經驗就是如此。這堂課讓我每週有一個半小時的時間和其他人待在一起，是實體碰面，也是心靈上的相聚。一開始我和同學們只在上課時相處，但音樂教室的老闆每個月會舉辦即興表演活動，我也辦了幾場不限對象、較大型的週末活動。我們幾位同學開始在每次課後躲在音樂教室的地下室，多待上一個小時聽聽音樂。然後我們組成了一個樂團，偶爾會在即興表演活動演唱，主要聽眾是團員伴侶及小孩，大家時常相聚一起演奏音樂。疫情期間雖然無法見面，我們依然定期在雲端會議室聚會（雖然因為網路延遲難以合奏），在聊天群組中保持聯繫，錄製音樂影片祝福生日的壽星，還會送防疫包裹到彼此的住家。從對音樂的共同興趣出發，我們透過玩樂連結，建立了一個真誠緊密的社群。

社交連結

社交連結非常重要，人類是群居動物，我們需要和他人生活在一起。若無法融入群體，會令我們感到傷心欲絕，也因此人們才這麼害怕錯失恐懼 FOMO 這件事。在影響身心健康的環境因素當中，穩固的人際關係絕對名列前茅，不只可以讓我們過得更好，還能決定我們能否存活（不只是外向者，對內向者來說也是如此）。

二〇一〇年一篇關於「降低寂寞的方式」的綜合分析便指出，「寂寞對我們這種社群物種有非常廣泛的影響[81]」。約翰・卡喬波到二〇一八年過世前一直是世界著名的寂寞研究者，他和同事就發現「寂寞能穿透身體的每一個細胞，甚至影響基因在我們身上的表現[82]」。

這件事非常關鍵，「基因表現」指的是特定基因在特定時間是否會顯現在我們身上。舉例來說，我的基因讓我天生罹患第一型糖尿病的機率更高，但只會在基因因為某種原因被啟動後才會發病；而毛毛蟲破繭而出變成蝴蝶，也就是在其生命歷程中某些基因顯現的結果。大家都知道環境中的外在因素（例如接觸到特定化學物質）會影響基因如何展現、什麼時候展現，卻很少有人想過情緒因素，比方孤單寂寞，也可能影響基因顯現與否。

我們都該好好想想這件事，孤單寂寞對於健康影響太大了。加州大學社會基因體核心實驗室（Social Genomics Core Laboratory）主任史蒂夫・科爾博士（Steve Cole）甚至將寂寞稱為「疾病孵化器[83]」。社交孤立和寂寞孤單都會提高高血壓、心臟病、中風、肥胖、憂鬱症、阿茲海默症及認知退化發生的機率[84]，最後兩項風險特別值得我們關注。社交孤立、寂寞孤單都被認為會使罹患失智症的機率增加高達百分之五十[85]。

寂寞是發炎反應及免疫低下的風險因子[86]，會提高血液中壓力賀爾蒙的濃度，降低我們的睡眠品質[87]；這點特別令人擔憂，因為睡眠不足本身就是上述所有疾病的風險因子。此外，寂寞也會加重人們的錯失恐懼，讓我們對社會環境中潛在的威脅如拒絕或排擠過度警戒，而過度警戒本身就是壓力的來源及表現。

寂寞和憂鬱一樣，會讓我們思緒混亂，而且人在孤單時容易花更多注意力在負面的事物上[88]，越是寂寞就越容易被那些使我們感到更加寂寞的事物吸引[89]。

我還發現一件驚人的事情：孤單一人，比沒有運動習慣和肥胖相關疾病，更容易使人壽命縮短[90]；有專家甚至提出寂寞及孤立的健康風險，相當於每天抽十五根菸[91]。

我們都已經習慣了使用手機來排解孤單，但這種習性恐怕將讓問題更加惡化。《大西洋雜誌》（*The Atlantic*）二〇一七年的一篇封面故事《智慧型手機是否摧毀了我們的下一代[92]？》中，心理學教授珍．特溫格（Jean Twenge）寫道，「在智慧型手機出現後成長的世代，說他們處在數十年來最糟的心理健康狀況一點也不為過，而這個世代崩壞的主因，正是他們人手一支的智慧型手機」。

這篇特別報導裡有張表格令我難忘。表格上整理的是八年級、十年級以及十二年級學生，同意「我常常覺得受到孤立」、「我總是會感到孤單」等敘述的比例[93]。自二〇〇八年起比例開始增加，恰好是智慧型手機問世的第一年，二〇一〇年後同意的學生比例便開始快速上升。

互相關聯，並不一定代表就有因果關係，但在我看來這個趨勢卻不像是巧合，因為Instagram就是在二〇一〇年推出的。被動地翻閱他人分享的貼文和照片，只會讓憂鬱症狀加重[94]，也會使人們的自尊和自我價值都受到影響，這些內容會讓大家對自己的長相外表、身分地位感到不滿[95]，還會感覺不被接納、孤立無援[96]。感覺自己被排除在群體之外，或者看見他人遭受排擠，這些狀況都已被證實會刺激大腦裡和疼痛感有關的一些特定部位[97]。

「實體面對面互動的機會越多，人們就越不容易感到寂寞；相反地在網路世界的互動越多，就會覺得越加孤單[98]。」卡喬波在二〇一二年曾對《大西洋雜誌》這麼說過（當年社群媒體可不像現今無所不在）。

比起消極地滑手機，主動追尋真正的樂趣能夠有效消除寂寞，並藉由在真實生活中和他人的交流，創造真誠的人際連結，這對我們的健康非常重要。

二〇二〇年美國國家學院（National Academies of Sciences, Engineering and Medicine）發表一份關於寂寞和孤立的報告中表示，「高質量的社交關係是健康人生的關鍵[99]」。

精神科醫師喬治・范蘭（George Vaillant）在著作《靈魂進化》（Spiritual Evolution）裡也做出更加簡單的總結：「快樂就是社交連結[100]。」

范蘭說得沒錯，他曾是格蘭特研究（Grant Study）的計畫主持人之一，這是世界上歷時最長、關於人類健康與幸福的研究，范蘭與其他研究員發現良好的社交關係不只能帶來快樂，還對我們的健康狀況與長壽與否有非常關鍵的影響。

范蘭曾在一九七二年至二〇〇四年主導格蘭特研究，這項研究自一九三八年起針對兩百六十八名當時就讀哈佛大學二年級的學生進行，長期追蹤他們的人生狀態[101]。格蘭特研究試圖找出究竟有哪些因素和經歷，能讓人類在晚年依然健康活躍。一開始研究者假設最重要的因素會是人格特質、聰明與否，以及一些體質特徵如頭蓋骨尺寸等。

結果顯示這些都不是最重要的因素，財富和名聲也不是（這群受試者當中，正好包括不少在後來功成名就的大人物，包括已故前總統約翰・甘迺迪）。人生能否安度晚年、能否長命百歲的關鍵，是人際關係的品質。

該研究的現職主持人羅伯特・沃爾丁格（Robert Waldinger）二〇一五年在一場名為「是什麼造就美好人生？歷時最長的幸福研究成果」的演講上便說[102]，「綜合我們在受試者年約五十歲時所蒐集到的所有資料，他們是否長壽並不是由血液中膽固醇含量決定的。對於人際關係的滿意程度才是關鍵。五十歲時感到最滿意的受試者，到了八十歲依然有極佳的健康狀況。」

這項研究發現，人際關係穩定的受試者壽命較長，幸福及滿足程度較高，認知退化也較不嚴重。沃爾丁格便說，「好的關係不只保護身體，也保護心靈」。穩固的親密關係，確實對我們的幸福與長壽影響比較大，超越了財富、名聲、社會地位、智商和基因等因素[103]*。喬治．範蘭對此下了很好的註解：「研究剛開始的時候，沒有人會在意同理心、依附類型等因素，但想要在晚年常保健康，人際關係絕對是關鍵[104]」。

人際關係的品質對於一生幸福非常重要，這點我十分有共鳴。部分原因是因為我是

* 人際關係之間的連結，甚至會提昇工作生產力。許多人以為長時間趴在辦公桌上工作，就可提升生產力，研究證實休假參加社交活動的人，比整天埋首工作的人，擁有更高的生產力。見 Nicholas Epley and Juliana Schroeder, "Mistakenly seeking solitude," *Journal of Experimental Psychology: General* 143, no. 5 (2014): 1980-1999. 以及 Ashley Whillans, *Time Smart: How to Reclaim Your Time and Live a Happier Life* (Cambridge, Mass: Harvard Business Review Press, 2020), p. 56) 另見 Epley, N., & Schroeder, J. (2014, July 14). Mistakenly Seeking Solitude. *Journal of Experimental Psychology: General.* Advance online publication. http://dx.doi.org/10.1037/a0037323 and Time Smart, p. 56.

家中唯一的小孩，我的父親和他的兄弟姊妹並不親近，我們從沒見過面，他們也都已經過世。對我來說，創造自己的「選擇家庭」（chosen family）就相當重要了。範蘭的結論也證實了這是值得用心經營的事情，然而這並不容易，因為我的朋友們也都成家，有了自己的小孩要照顧。

我發現「樂趣」是很容易吸引人們相聚的工具。由於樂趣不受到價值觀及社會背景的影響，可以拉近人們的距離，幫助我們與更多人建立社交連結。也許你和某人的政治理念完全不同，在婚禮上相遇時依然能開心地一起跳舞。真正的樂趣能夠彰顯我們共享的人性，後續也即將談到，這對我們的心理健康，乃至人類社會的未來，非常有幫助。

有趣的是，你不需要與某人熟識，也能體驗到面對面互動的種種好處。就算是給予陌生人一個微笑，也能提升心情，降低壓力賀爾蒙[105]。研究證實，只需投入「短暫的關係」，也能對我們的心情有正面影響[106]，例如共乘服務的司機、飛機上坐在隔壁的旅客、一起排隊點咖啡的客人都行（還是要再說一次，這也同樣適用於內向者）。

不僅如此，我們享受樂趣時進行社交連結的對象並不一定要是他人，真正的樂趣經常在從事動態活動時發生，也就是和自己身體的連結，而這些活動對我們的健康與心情都很有幫助。樂趣也經常出現於我們逃離都市叢林，投入大自然懷抱的時刻。研究顯示，與大自然互動能紓解壓力[107]（當然這不是指困在暴風雨中，或者被野生動物獵捕等極端狀況），這就是為什麼「森林浴」會如此受歡迎。親近大自然對於心理健康好處多多，有些學者甚至半開玩笑地說，戶外活動激發出來的安多酚（endorphin），應該改名為「戶外多酚」（outdoorphin）[108]。

心流狀態

所有形式的社交連結（以及有趣的靈魂），都高度重疊到「真正的樂趣」的第三項元素，那就是心流狀態。心流是一種百分之百投入的狀態，全神貫注在當下的活動中，絲毫沒有察覺到時間的流逝。心流的吸引力非常強大，人們常常在結束後才發覺自己進入了這種狀態。

除了社交連結可以創造心流狀態，心流本身也能夠帶來人際連結（心流具有一種傳染力，待在處於心流狀態的人身邊，你也能進入心流[109]）。提出心流概念的心理學家米哈伊．奇克森特米哈伊（Mihaly Csikszentmihalyi）說，在心流狀態結束後，我們會感覺彷彿突破了自我極限，暫時與浩瀚宇宙容合為一體[110]。

此外，心流狀態中並不存在自我批判，因此我們能像奇克森特米哈伊所說的那樣，可以擁有「更強大的自我[111]」，也就是對真實自我的信心，還會有掌控自己的滿足感。心流狀態中的我們並不害怕失敗，我在演奏樂器的時候就是如此；我並不喜歡獨自練習或表演，我太擔心自己會搞砸，根本無法進入心流狀態（諷刺的是這麼一來就更容易表現不佳）。然而當我和一群人一起演奏時，所帶來的開心和挑戰會讓我不再時刻檢視自己琴藝如何，當我回頭去聽大家一起演奏的錄音，我們所創造的音樂常常令我驚艷。

心流並不一定是長遠的體驗，一次也可能只有幾分鐘的感受，且這些經驗時常會成為心理學家所說的人生「巔峰」。奇克森特米哈伊說，當人們體驗到這種心流狀態，「會感到激動，獲得一種深刻的喜悅，能夠長久珍惜，將這份回憶作為美好人生的標竿[112]」。他認為，學習盡可能在所有生活體驗中都能進入心流狀態，「就是快樂生活的秘訣[113]」。

關於日本「生之意義」（ikigai）概念的研究也持相同看法。「生之意義」與法文裡「存在的理由」（raison d'être）意思相近（這個日文詞語的字面翻譯是「生命值得[114]」）。生之意義是我們每天早上起床的理由，作者赫克托．加西亞（Hector Garcia）與法蘭西斯科．米拉萊斯（Franceso miralles）在同樣名為《生之意義》的書中，對這個概念也有詳盡的解說。

為了探討長壽背後的科學，以及長遠且快樂的人生背後的原因在哪裡，加西亞與米拉萊斯兩位作者來到日本沖繩，這個小島以百歲以上人口數量高於平均而聞名。他們發現在沖繩「空氣中流動著一股不尋常的喜樂，引領這裡的居民度過長久又愉快的人生[115]」，關鍵就是他們的生之意義，以當地人的話來說，代表著「保持忙碌的幸福[116]」。

這種忙碌，不是西方文化中二十四小時待命工作的那種忙碌。生之意義的忙碌指的是「隨時都能投入某件事情，與某個重要的人相處」的幸福狀態，也就是特定的心流狀態。兩位作者說，越常進入心流狀態，「你就越能企及生之意義[117]」。

沖繩人展現「生之意義」時所進入的心流狀態，和體驗樂趣時的心流是相同的。兩人造訪了著名的長壽之鄉大宜味村（Ogimi），發現「這裡的居民永遠有事情做，我們完全沒有看到老年人坐在長椅上發呆。村民們會出門從事各種活動，唱卡拉ＯＫ、拜訪鄰居、玩遊戲[118]」。

大宜味村沒有酒吧，也只有幾間餐廳，卻有超過十二個社區中心。村民時常相約聚會，也邀請加西亞與米拉萊斯一起參與。他們在這裡參加了一場九十九歲壽星的生日派對與一場九十四歲的慶生，還有另一場壽星則是個八十九歲的年輕人，大家一起跳舞、參加祭典、喝茶聊天，並且常常唱卡拉。

兩位作者採訪的一位高齡村民這樣詮釋他們的價值觀：「唯一重要的事情，就是聚在一起、享受樂趣[119]」。

生之意義的心流，或者真正的樂趣，恰好與我們盯著螢幕時眼神呆滯的狀態形成鮮明的對比。這正是奇克森特米哈伊所形容的「垃圾心流」——使人心情愉悅、卻逐漸麻木的狀態（有時候則是增加壓力又麻木心靈，我在盯著一長串尚未回覆的郵件時就是如此）。

垃圾心流讓我們被動消耗資訊且不會全心投入。有點像是一直看電視節目，或者隨意在手機上查看網路內容。這就像垃圾食物，可以暫時過過癮，太多的話就會令人噁心。垃圾心流並不能滋養我們的靈魂，而真正的樂趣卻可以。

笑聲

有趣的靈魂、社交連結和心流狀態都能帶來許多好處，當我們同時經歷這三項元素，效果會更加驚人。但要具體整理出它們所帶來的正面功效並不容易，因為據我所知還沒有人研究過當這三者同時發生，會創造怎樣的效果，也就是說目前尚未有人研究過我們所定義的真正的樂趣。

幸好有個類似真正樂趣的概念，已有不少相關研究，那就是笑聲。

雖然不用獲得真正的樂趣我們也會笑，但當我們真的在享受樂趣時，幾乎都會有笑聲存在，我甚至開始用笑聲來區分真正的樂趣以及日常愉快的感受（舉例來說，你可能真的很享受閱讀書籍或烘焙蛋糕的週五夜晚，但如果過程中沒有笑容，很有可能你並未體驗到真正的樂趣）。當我請樂趣小組成員描述獲得真正樂趣時的經歷與感受，將近百分之九十的回答都有提到笑聲，它也是我所提供的諸多選項中，最廣受提及的答案。從這點就可得知，我們可以根據關於笑聲有哪些好處的現有知識，對真正的樂趣進行假設。

讓我們從生理健康開始談起。笑聲能減少皮質醇以及另一種壓力賀爾蒙腎上腺素的分泌[120]，雖然要再次聲明互相關聯不代表具有因果關係，這卻能解釋為什麼笑口常開的人罹患心血管疾病機率較低，也往往更加長壽[121]。幽默、真誠的笑容能為人體帶來一連串良性反應，包含減輕血管中的發炎狀況、減少血塊、降低血壓、促進血液循環健康[122]（大笑的時候連呼吸都更加通暢了，這對我們多少也有好處）。

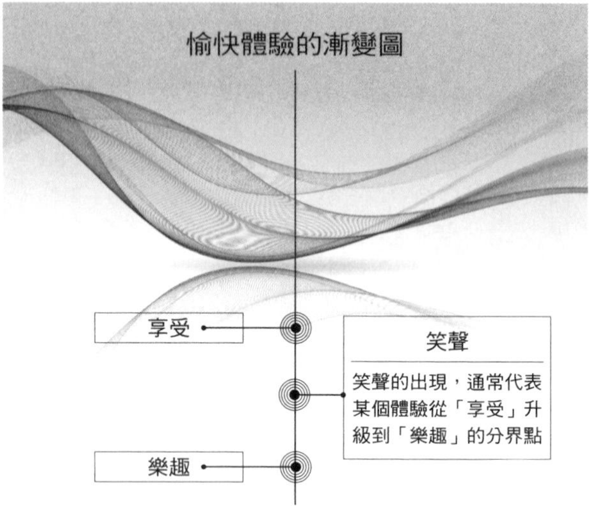
愉快體驗的漸變圖
享受
笑聲
笑聲的出現，通常代表某個體驗從「享受」升級到「樂趣」的分界點
樂趣

笑口常開的人通常也更擅長在日常生活裡找到幽默，不但能增加獲得樂趣的機會，也是很好的應對機制，讓人變得更加堅強，克服小至單調的生活或輕微的壓力，大到最無語、最困難的狀況。精神科醫師、納粹大屠殺倖存者維克多・弗蘭克（Viktor Frankl）在一九四六年出版的《活出意義來》（*Man's Search for Meaning*）當中就說，幽默是一種「能夠自救的『靈魂武器[123]』」（在書中他表示自己和獄友就是靠「一笑置之的幽默」，從集中營存活下來）。

除了能提振心情，長期來看具備良好的幽默感也能降低心臟病和中風等與壓力、焦慮相關的疾病[124]。此外，研究證實，懂得欣賞幽默還能讓老年人的短期記憶改善，這很有可能是開心大笑能讓皮質醇濃度降低的緣故（如上一章所提到，當血液中皮質醇的濃度長期偏高，會損害大腦的記憶力並讓學習新事物變得困難[125]）。微笑還能讓大腦分泌腦內啡，增加人體對疼痛的耐受度[126]。

研究人員也認為，由笑聲所驅動的特定腦內啡可以保護我們不受生理及心理壓力傷害，並對人際關係的建立很重要[127]，這或許就是為什麼幽默的腦袋和有趣的靈魂可以拉近人與人之間的距離，增加溫暖、羈絆的感覺[128]。事實上，光是回味共度的歡樂時光，就會增加人們對於一段關係的滿意度[129]，哄堂大笑（友善、趣味的那種）也能維持健康、增強抵抗力、促進抗憂鬱賀爾蒙分泌，並使與壓力相關的賀爾蒙濃度下降[130]。

也就是說，大家越常一起開心地笑，就會覺得越親密，也越不孤單，就像喜劇演員約翰·克里斯（John Cleese）說的，「當你忙著笑開懷，根本沒空與他人保持距離或維護自己的社會階級[131]」。人們越是關係緊密，就會越常出現笑聲，事實上人們在社交場合笑出聲來的機率比獨處時高出三十倍[132]。這或許解釋了為何我們在獨處時，很少能體驗到真正的樂趣。

一項關於笑聲的研究中，第一作者便總結「藉由尋求能帶給我們笑容的正向體驗，有許多活動都能幫助人類維持健康[133]」。真正的樂趣常常會讓人開心大笑，因此如果想要變得更健康，真正的樂趣就是最佳解答。

樂趣會使生命盛放

開始研究「真正的樂趣」之後，讓我更加篤定要把真正的樂趣當作人生的優先事項。而我越是這麼做，就體驗到越多正面效果，而且常常是在我意想不到的地方。

首先，樂趣改變了我看待時間的方式，幫助我克服前面所提到的「時間價值矛盾」。我和許多人一樣，也曾經只用效率和金錢去衡量一件事情是否值得投入。這個議題我們在上一章節已經探討過，它也不是全新的概念，伯特蘭．羅素（Bertrand Russell）在一九三二年的文章《賦閒禮讚》（In Praise of Idleness）就曾提出同樣的想法：「從前輕鬆愉快、盡情玩樂的餘裕，在效率蔚為流行後就消失無蹤，現代人做每件事情都帶有目的，從不會單純為了想做而去做」。

羅素彷彿是未卜先知，在文章中精準描繪了我的情況。只要能夠獲得很高的報酬，我就會認為一件事情值得去做；拼命工作一整天都不休息，非要讓自己筋疲力盡，才會覺得今天的時間有被充分利用。

對樂趣的研究使我知道，這並不是正確的做法。我們都需要做好工作、賺取薪資，但許多白領階級沉迷於一些看似「有在做事」，實則不然的舉動，像是不停查看郵件、在待辦清單上劃掉一件小事、討論辦公室政治和同事的八卦；這些都只是把大家的上班時間填滿，讓我們感覺自己完成了很多事情——不妨誠實審視你在辦公室的一天：有多少時間是拿來做真正有意義、對自己有幫助的重要任務，而非只是被動地應付？

如同先前討論的，當我們基本的經濟安全和健康狀況都滿足後，如果終極目標是要過著有意義的幸福人生，那麼追求名譽及財富對於我們心靈的富足沒有什麼幫助，而且規劃時間的方式也不該是以金錢和效率為依據。我們應該專注於那些能讓我們達到「心盛狀態」的事情，這個心理學概念指的是人類發揮正向潛能，感覺活在當下、心態開放、有所追求、自我接納、心靈強壯、積極滿足的表現；心盛與「萎靡不振」完全相反，也就是我們都很熟悉的空虛、一成不變的狀態[134]。

賓州大學正向心理學中心（Positive Psychology Center）主任，也是《邁向圓滿：掌握幸福的科學方法&練習》（*Flourish: A Visionary New Understanding of Happiness and Wellbeing*）作者馬丁．塞利格曼（Martin Seligman）認為，心盛具有五項基本要素：正向情緒、專注當下、正向人際關係、生命意義以及正向成就感。越是經常體驗這五項要素，達到心盛的機會就越大[135]。

我慢慢發現這五項要素常會在體驗樂趣時出現，甚至能透過創造樂趣達成。當我處於有趣、社交的心流狀態中，自然是全心投入的，我能感受到正向情緒，也很享受身邊他人的陪伴。許多創造樂趣的體驗都能讓我符合至少一項、甚至全部的條件。

真正樂趣所帶來的快樂，非常令人鼓舞，當我擁有過這種感受，無需外在肯定就會樂於繼續努力下去。它幫助我脫離被動模式，使我活得更加積極，謹記自己對事情的優先順序，並經常檢視生活是否偏離正軌。

我也發現，真正的樂趣還能幫助我回歸人性的本質，如同先前提到的，學者相信這對我們能否擁有幸福美滿的人生非常重要。

可惜的是大家對於原始的人性並不感興趣，更別說是特別重視。塞萊斯特．海德利在著作《失控的努力文化：為什麼我們的社會讓人無法好好休息》中就寫道，「人們在日常活動中很少會重視那些對於玩樂、思考、甚至社交有益的事情[136]」。

她寫道，「我們因為人性的『不足』，使得人性無法自然展現，拋棄了那些無聊小事、花時間講電話、培養興趣、和鄰居一起烤肉、社交[137]」。我們很懷念過往單純的生活，當時的人怎麼會有時間練習打籃球或者和朋友分享夏威夷度假照片，我們的祖父母甚至還會加入縫紉沙龍和草地滾球活動。

一開始我也有相同的想法（到底誰會參加縫紉沙龍？草地滾球活動？），然而當我的身心體驗過有趣的靈魂、社交連結和心流狀態，就發現這些事情完全不會無聊、不會古板或浪費時間。利用時間最佳的方式，就是在與他人的社交互動中獲得樂趣。如今和朋友悠閒地吃一頓飯或在一天當中抽空打電話給別人，都被認為太過奢侈且費時耗力（更別提和朋友安排一趟週末旅行）。不過現在的我認為，這是為了讓自己過得更好最有價值的投資。

我做決策時的思考模式也變了。現在每當有人邀請我，我都會問問自己：這感覺有趣嗎？能不能創造趣味、與他人連結並進入心流？是否會幫助我達成心盛？答案是肯定的我才會考慮答應參加。如果感覺並非如此，或者這麼做會壓縮我從事更有意義、帶來快樂、令人感到滿足的活動，我都會盡量拒絕。

我也盡可能注意身體的反應，因為身體是最誠實的。如果我感覺到自己正縮緊身體、握起拳頭，或者呼吸變得又淺又短，都代表我應該拒絕。反過來說，如果是愉悅和興奮的感覺，儘管我的胃可能一陣翻騰，都代表可以考慮答應。這通常是因為興奮而感到緊張，意味著我正在踏出自己的舒適圈，往好的方向努力。

將樂趣作為決策的標準讓我更有生產力，把閒暇時間都拿來滑手機則讓我難以專注、效率低落；為享受樂趣空出時間（而且這樣做總是有值得期待的有趣事情），使我更有動力完成生活的任務。

在工作中加入玩樂的成分尤其有效，英屬哥倫比亞大學的發展心理學教授阿黛爾・戴蒙德（Adele Diamond）就做過一項研究，請四歲大的兒童盡可能站著不動，他們通常可以維持大約一分鐘；但如果請這些孩子假裝他們是工廠守衛，也就是把任務當成是一種遊戲，他們可以站著不動長達四分鐘[138]（想想，如果我們專注在工作的時間延長了四倍，可以完成多少事情）。

注重創造樂趣也讓我免於過勞。舉例來說，以往寫作面臨撞牆期，我通常會做兩件事情：盯著待修改的段落直到眼睛發酸，希望靈感會從天而降；或者在不同網頁間反覆切換「休息一下」，看看新聞頭條或信箱裡尚未回覆的郵件，然後回頭盯著待修改的段落（然後才覺得自己怎麼每天結束工作後，都累得再也不想寫作了）。

問題在於我並不是真的在休息，我感到筋疲力盡的原因就是我的工作記憶超支了，處理新資訊乃至產生新靈感的能力也已過度消耗（工作記憶指的是大腦認知當中的暫存記憶，因為有工作記憶，我們才能在腦中計算數字，暫時記住派對上剛認識的人叫什麼名字）。我最不需要的就是點開新聞或信箱，讓工作記憶再接收更多資訊，這只會讓我心理上感覺更加疲憊。

後來我讀到方洙正（Alex Soojung-Kim Pang）的著作《用心休息：工作減量，效率更好》（*Rest: Why You Get More Done When You Work Less*），在書中他寫道，世上許多偉大的作家、科學家及藝術家都會「讓忙碌的生活與盡情玩樂互相平衡，安排修養心靈、活動身體、對自己有意義的休息時間[139]」。

這就代表我們偶爾都需要為自己安排假期，或者花一個週末完全遠離電腦和智慧型裝置。在日常生活中我們也能這麼做，每天排定幾分鐘，從事一件能創造有趣的靈魂、社交連結和心流狀態的事情（三者都有的話就最理想了）。

由於我獨自工作，白天社交的機會有限，我能想到最好的點子就是在休息時練習打鼓（這是追求樂趣的另一項成果，我也開始上打鼓課了）。當我發現自己開始分心，我會盡量抗拒電腦的誘惑，花個幾分鐘練習打鼓，將注意力轉移到具有韻律感的肢體活動幫助我迅速回神，也能更加活絡大腦不同的區域（有時我會感覺腦袋好像快要爆炸，卻莫名地開心）。這能讓我恢復注意力，坐回電腦前時感覺充飽了電，常常還已經有新的想法，如同方洙正所說，「當我們停下工作好好休息，就不會再消耗創造力，而是能獲得更多靈感[140]」。

寫到這裡，我也發現追求真正的樂趣使我變得更有創意，越常經歷真正的樂趣，新的靈感就越是源源不絕。這也許是因為有趣的靈魂、社交連結和心流狀態都能紓解壓力，而壓力正是扼殺創意的劊子手；也有可能是因為開始享受樂趣後我感覺充滿能量，更能將想法付諸行動。

我猜，我覺得自己靈感變多了，原因也和樂趣對體內化學物質的影響有關。真正的樂趣經常包含新奇的體驗，新鮮感會促使大腦分泌多巴胺，以此分辨值得回憶與重複的體驗（笑聲也會刺激多巴胺分泌，這就解釋了為什麼我們對於好玩、有趣的事情更加關注，回憶也會特別深刻[141]）。

使用智慧型手機而分泌的多巴胺往往會讓我們養成一些沒有幫助、有害無益的習慣；受到真正樂趣刺激所分泌的多巴胺則對我們非常有幫助，不只能激勵我們追求更多新奇、可能產生樂趣的體驗，在未來也會讓大腦清楚記得體驗的所有細節。

這非常重要，因為記憶是大腦產生想法的材料，越是豐富多元的經歷，且記得的細節越多，就越能產生新的靈感和連結，我們也會有越多自己獨到的創意與見解，並因此變成更有趣的人。

此外，感受真正的樂趣會停止我們的自我批判，這有利於創造安全、開放的心理狀態，使創意靈感更有發揮空間。即興演奏就是如此，音樂家在心流狀態中和樂器及台上一起演出的夥伴成為一體。

二〇〇八年學者進行了一項十分有趣的研究，他們特別設計一台能放進核磁共振儀、由不具有磁性材質製成的鋼琴，在爵士音樂家即興演奏時掃描他們的腦部[142]。參與研究的查爾斯·林布（Charles Limb）是外科醫生以及音樂家，同時也是加州大學舊金山分校的神經科學家，他表示當這些音樂家即興演奏時，大腦活動和練習音階或默背樂譜時「完全不同」。

《國家地理雜誌》一篇相關報導表示，「大腦中負責表達自我的內部網路活動增加，負責集中精神和自我審查的外部網路則會安靜下來」。林布則形容大腦「彷彿是暫時關掉了自我批判的功能[143]」。不只是即興演奏，林布也對即興說唱藝人和即興演員進行類似的實驗，並且都得到同樣的結果。

仔細想想會發現，樂趣本身就像是一種即興發揮的狀態，並不會有預先決定的結果。享受樂趣時我們完全沉浸在當下，對於發生的事情做出即時反應，不再評斷自己或他人，取而代之的是一種開放且有趣的精神。當我們變得更加自在，就會有勇氣嘗試新的事物，得到更多靈感，不再感到不安、害怕或被拒絕，可以將自身的創意潛能發揮到極致。

這麼看來，也難怪作者艾波斯坦（David Epstein）在《跨能致勝：顛覆一萬小時打造天才的迷思，最適用於ＡＩ世代的成功法》（*Range: Why Generalists Triumph in a Specialized World*）書中會說，關於創意工作者的科學研究中，「熱情、甚至幼稚、玩樂等主題，總是反覆出現[144]」。

如果以上這些都還不足以說服你，追求真正的樂趣也讓我的心智變得更有韌性，能面對在家庭、工作、生活上不那麼有趣的面向，這就表示樂趣也符合情緒「抵銷」的假說。提出這項假說的是北卡羅來納大學教堂山分校正向情緒與心理生理學實驗室（Positive Emotions and Psychophysiology Laboratory）的主任芭芭拉．弗雷德里克森（Barbara Fredrickson），她認為正面情緒可以「校正」或「消除」負面情緒對我們的影響[145]。

她發現，當人做完了一個會帶來焦慮的任務後（例如請他們進行為期一分鐘的的演講），如果馬上讓他們觀看能帶來「中等正向情緒」的影片，受試者的身體會較快從壓力狀態中復原：心律、血壓以及感受到的焦慮程度都比對照組更快恢復正常。

弗雷德里克森也提出了關於正向情緒的「拓展理論」（Broaden and Build），認為即使時間短暫，正向情緒不只象徵毅力、幸福和健康，還能強化我們的韌性，幫助人們度過未來的壓力與挑戰[146]。根據拓展理論，正向情緒有助於人們獲得新的靈感、活動和社交關係，能夠進一步成為生理、智力、社會及心理上的資源，「這些資源未來將會是我們的避風港，提高我們成功克服困難、生存下來的機會[147]」。彈奏樂器、感受樂趣時，我的感覺就是如此。

弗雷德里克森的結論是，「人們應該為自己與他人培養正向的情緒，不只是因為這麼做能讓大家在當下有好的心情，還能幫助人們成為更好的自己，朝心盛與健康長壽的人生邁進[148]」。

我的結論就是，我們都應該盡可能創造更多樂趣。

當我省思「注重樂趣」這件事如何改變了我，就益發明白為何「樂趣」是打造有意義生活的強力工具，以及為何缺乏樂趣會讓我們淪為科技的奴隸。換句話說，追求樂趣需要我們主動選擇「如何度過每一天」，找出最能讓我們感覺真正活著的事情。

如果缺乏了真正的樂趣，也不清楚哪些活動和情境最容易讓我們獲得有趣的靈魂、社交連結和心流狀態，這樣的空缺我們並無法自主填滿，反而會讓智慧型裝置和各種應用程式趁虛而入，花光我們所有的閒暇時間，讓我們耗盡腦力，累到無法再做其他事情。

反過來說，如果我們了解真正的樂趣，並在生活中具體實踐，就會感到精力充沛而不是筋疲力盡，也會更有動力繼續從事為我們帶來正面能量的活動。樂趣會創造一種自我肯定的循環，讓我們更加專注在那些能帶來喜樂的事情。

這就解釋了當我開始重視真正的樂趣後，發生在我身上的顯著效益：我變得更快樂了。

這就是樂趣的力量！它能轉移我們的注意力，將無形的情緒狀態（我想變得快樂）轉化為主動創造的體驗（我要享受更多樂趣），最終指引一條通往幸福人生的道路。享受樂趣的時候我們自然會是開心的，樂趣越多就會讓我們感到越開心。構成樂趣的要素和構成幸福的要素其實非常相似，但取得樂趣的途徑更加明確，擁有充滿樂趣的生活極有可能會提高你的幸福程度——原因正在於我們並不是直接將幸福設定為目標。

這麼做能夠創造一種自給自足的正向循環：享受樂趣讓人們感到開心，開心的人較容易享受樂趣，於是他們感到更加開心，又更加容易享受樂趣……這也像是把弗雷德里克森提出的理論進一步延伸，正向情緒的體驗「會增加人們在未來擁有正向情緒的可能性[149]」。

值得注意的是，研究幸福的人（也就是正向心理學的專家學者們）相信，儘管幸福與否一部分取決於基因和環境，有百分之五十到八十其實取決於我們自己[150]。學者們甚至為幸福的人生創造了一個公式：

先天條件＋後天環境＋主動行為＝幸福指數[151]

「先天條件」取決於你的基因，顯然無法改變；「後天環境」包括居住地等可以控制的事情，以及家庭狀況等無法控制的部分；「主動行為」就是字面上的意思——那些你選擇去做的事情，包括如何度過閒暇時間，以及花費多少心力創造真正的樂趣。

對我來說，真正樂趣的美好之處在於它可以幫助我們對於這些能帶來幸福的主動行為，有更清楚的概念（將其定義為有趣的靈魂、社交連結、心流狀態三者的交集本身也是件美好的事情）；也就是說，真正的樂趣能將抽象、虛幻的事情，轉變為能夠達成且控制的目標。

所以這告訴我們什麼？

手機通知的鈴聲使我們分心、焦慮，真正的樂趣則讓我們專注、平靜；長時間使用智慧型裝置讓我們耗盡腦力，享受樂趣則幫助我們恢復活力；社群媒體鼓勵我們將生活視為一場展演，樂趣則激勵我們真實地活著，別管觀眾的看法；手機裡的應用程式讓我們的錯失恐懼發作，真正的樂趣則讓我們發自內心感到滿足，並從此愛上這種體驗；網路上的「社交」經常使我們感到空虛、想要比較；享受樂趣時與他人的連結則能翻越心牆、擁抱脆弱，有助於我們融入社群。

真正的樂趣為我們帶來健康和快樂，使我們的人生如花朵盛放，並且能幫助我們持續感覺到生命的存在。

我在本書一開頭就強調過，真正的樂趣，真的有趣極了。

現在讓我們來談談，如何創造更多真正的樂趣。

PART

2

如何享受樂趣

How to Have Fun

第4章
樂趣健檢

如果你不爲自己的生活設立優先順序，其他人就會替你做決定。

——格雷格・麥基奧恩《少，但是更好》152

希望我有成功說服你，讓你相信「樂趣」真的可以改變人生，你現在迫不及待要深入了解樂趣的意義，創造更多樂趣。如果是這樣的話，那就太棒了！首先，你需要做的就是：

不要刻意「創造更多樂趣」

聽起來很矛盾，但我並不是要你「別去獲得更多樂趣」，相反地，我非常希望樂趣能夠成為你的人生羅盤，指引方向的北極星。

刻意去創造更多樂趣的問題在於，「創造樂趣」這個說法不夠精確，不知道該如何執行（「享受可頌麵包」就非常具體，「享受樂趣」則不然）。正如我們勉勵某人「你要快樂一點喔」一樣，沒有什麼實質意義。

真正的樂趣和所謂的浪漫一樣：我們可以試著營造浪漫的氛圍，太過刻意的話則將適得其反。所以，我的計畫如下。

首先，我們專心釐清身體和心靈在獲得真正樂趣的三項要素時，會產生什麼感覺，因為如果無法分辨真正的樂趣，即使發生了我們也不懂得去享受它。

其次，我們會評估目前我的生活擁有多少真正的樂趣，以此當成轉變的起點。方法是透過一個「**樂趣歷程表**」，找出過去與真正樂趣相關的經驗，並使用一個「**享樂日記**」來記錄真正樂趣三要素——有趣的靈魂、社交連結、心流狀態——發生的時刻。此外，我們也將分析，你為了「找樂子」所做的那些事情，是否能帶來真正的樂趣，或者只是偽樂趣。

接著，我們將使用我們記憶中那些與真正樂趣有關的記憶，以及最近感受到的真正樂趣三要素，來找出專屬於你的「**樂趣磁鐵**」——那些能帶給你真正樂趣的特定活動、人物和場景；我們還會分析這些樂趣磁鐵，以進一步找出適合你的「**樂趣元素**」——也就是能夠吸引真正樂趣的某些特質。這一點特別重要，越是了解什麼樣的場景、活動和人物會帶給你真正的樂趣，將來就越容易判斷一件事情對你來說是否容易產生樂趣，並進一步發想更多我們可以嘗試的樂趣磁鐵。

我們也會一起找出你的「**反樂趣元素**」，也就是阻擋你享受樂趣的事情，好讓你盡量避開它們（或者重新給它們一次機會，也許你會驚訝地發現，原本認定的反樂趣元素，其實有利於創造真正的樂趣）。

辨認、分析我們的樂趣磁鐵和樂趣元素的過程非常有意思，因為我們不只想要搞懂它們究竟是什麼，還要身體力行在生活中實踐。我們會運用簡稱為 **SPARK 的五種技巧**，分別是為享樂保留空間（Make Space）、跟著熱情走（Pursue Passions）、吸引樂趣（Attract Fun）、小小叛逆（Rebel）、堅持享樂（Keep At It），作為指引你找到樂趣的那顆北極星。

聽起來我們有不少任務要完成。在本書的第二部分，若能找到和你親近的人一起練習這些步驟，會非常有幫助；這麼做能為你們提供對話及探索的素材，讓你們感情更好，還能增加獲得真正樂趣的可能。

這是一場探險，不是學校作業；不必強迫自己完成接下來的每一個練習，或者對我的想法照單全收。你只需要跟著大方向走，可以自由地對細節進行微調，如果開始覺得自己對樂趣的追求變得像是工作，記得讓自己喘息一下。我們要做的事情不少，但這個過程應該要像是在玩樂。

一開始的轉變可能非常微小，但很快你就會發現，樂趣即將對生活的許多面產生影響，從人際關係的品質、精神狀況到時間安排的選擇都是。將真正的樂趣設定為你的目的地，堅持朝對的方向前進，生活就會開始改變。

步驟一：有這些跡象，代表真正樂趣就在眼前

我問五歲大的女兒，樂趣是什麼感覺，她說樂趣是「很快樂、很高興」。她說得一點也沒錯，真正的樂趣是一種心情愉悅、精神飽滿的狀態。

其他真正樂趣的跡象包括：

- 笑聲
- 放鬆／自由／拋開一切的感覺
- 獨特的、與他人共享的體驗
- 忘記時間流逝
- 沒有自我質疑，沒有自我批判
- 暫時遠離了日常生活

- 全神貫注在那個當下
- 像小孩一樣興奮、快樂
- 感覺自在
- 不在意有沒有成果
- 精神狀況提升

如果符合以上任一描述，很有可能你正在經歷三要素（有趣的靈魂、社交連結或心流狀態）當中的一項到兩項，三者皆有就代表你極有可能經歷了真正樂趣的時刻。

請注意，真正的樂趣並沒有固定的強度和長度，可能非常強烈也可能沒什麼感覺，可以發生在一瞬間也可以持續更久（想想和朋友共度歡笑片刻，以及一起度過整個週末的差別）。我們也可將它們區分為「日常樂趣」和「樂趣巔峰」，或者是「微量樂趣」與「高濃度樂趣」，兩者都值得我們追求，我們稍後還會詳細討論。

步驟二：樂趣頻率問卷

知道我們要找的是什麼之後，便可以透過我設計的**樂趣頻率問卷**（Fun Frequency Questionnaire）了解我們目前擁有多少真正的樂趣（或者沒有），並以這個建立一個基準，找出需要改善的部分。你可以每隔幾個月回來再做一次，就能看出自己進步的成果。

樂趣頻率問卷請受試者針對以下十句話，依照自己同意的程度給分，1代表「完全不同意」，5代表「完全同意」。

- 我是個會優先享受樂趣的人
- 我知道／了解「樂趣」對我來說有什麼意義
- 朋友們會說我是一個「有趣」的人
- 我知道一件事若具備哪些特性，會讓我覺得它很有趣
- 我可以輕易說出五個總能讓我感受到樂趣的活動、情景或人
- 我會特別在日常生活中安排上述這些活動（或讓自己處於這些環境，或者親近這些人）
- 我會讓自己一直有事情值得期待
- 我願意努力讓一件事變得對我自己（以及對他人）來說更有趣
- 我經常有喜悅的感受
- 我的生活有充足的樂趣

接著把所有分數加總。你的總分＿＿＿＿＿＿。

如果得分介於四十到五十之間，恭喜你，你已經在生活中擁抱樂趣的力量，本書後面的篇章可使你了解如何創造更多的樂趣。得分在三十到四十之間，表現很不錯，略加調整就可以讓生活中的樂趣增加。低於三十分，別灰心，這本書會使你獲得更多樂趣，只要跟著書中的步驟做，就會看見驚人的轉變。另外，請注意那些你給分低於三分的問題，它們就是需要你特別關注的部分。

剛開始在生活中追求更多樂趣的時候，我的得分其實並不高。我知道樂趣很重要，也願意去做能讓他人獲得樂趣的事，我的朋友也都認為我是個「有趣」的人；但我並不了解哪些事情（具有哪些特性）可以帶給我樂趣，不清楚是哪些活動和情境能夠產生樂趣，因此當然也並未擁有足夠的樂趣。

應該很多人跟我的狀況相同。但好消息是，當我們發現自己所擁有的樂趣遠遠不夠，至少可以開始嘗試解決問題。

步驟三：記錄你的樂趣歷程

本章的標題叫做樂趣健檢，而樂趣健檢的下一個步驟，則是記錄你的「樂趣歷程」，目的是幫助你回想：哪些體驗曾經使你獲得「真正的樂趣」，亦即那些充滿了有趣的靈魂、社交連結、心流狀態的時刻；然後會分析，為什麼那些體驗、那些時刻讓你覺得有趣，未來如何複製這種感受（研究玩樂的學者斯圖爾特．布朗經常建議大家記錄樂趣歷程，也是同樣的目的）。

請找一本日記本或筆記本，最好是你非常喜歡也樂於使用的，因為我們還會在其他步驟使用它。空出大約一個小時，專心完成以下幾項練習（放下你的手機！）。

首先，回想三個你認為符合「真正樂趣」的經驗——三個你完全投入那時的當下，真正感覺活著，時間彷彿靜止卻又飛快流逝，充滿喜悅、能量、樂趣，是你最可貴的回憶。

生活中有很多事情都令我們放鬆、愉悅、享受，例如泡澡、吃美食、看最愛的電視節目，而你以前也覺得它們很「有趣」。但這個練習的目的並不是要喚醒這類的經驗。生命中也曾有一些經歷，算是「人生巔峰」，卻不一定是有趣的。請專注在以「樂趣」為關鍵詞的那些回憶上，那些如果被問起，會說「真是有趣極了」的事情。

挑選好一件事情後，閉上眼睛，試著讓自己回到那個片刻，盡可能沉浸在當下的情境中，用身心想像當時的視覺、聽覺、嗅覺，有什麼感受，然後問問自己：當時具體是在做什麼事情？人在哪裡？當時幾歲？這個體驗包含哪些活動或物品？如果身旁有人，是誰呢？是什麼讓這個體驗如此有趣？

以下節錄幾位樂趣小組成員的回答：

二十一歲時我獨自去旅行，搭夜班渡輪從義大利抵達克羅埃西亞，在青年旅館遇見三個加拿大人，於是大家相約隔天一起去旅遊。那次的體驗眞的充滿趣味，因爲沒有期待，反而能自由去做任何我想做的事情……我們一起度過了美好的一天，划船，游泳，下雨時在酒吧躲雨，到處走走看看，互相認識並交流彼此的文化差異。那天晚上我們一連跑了好幾間酒吧，在一個城堡裡的夜店跳舞狂歡直到天明。

記得是一個天氣溫暖的夜晚，家人帶我去遊樂園玩，我大約十歲，應該是我第一次坐雲霄飛車……我緊張到可以感覺胃在翻騰，一直覺得安全帶沒有扣緊，一直大叫想要從下來。雲霄飛車爬升到最高點，那一刻我看見整座城市亮成一片燈海，看見遠處的海岸線，空氣中有海風鹹鹹的味道，美麗極了。我笑了出來，儘管剛剛害怕的淚痕還掛在臉頰上，我高舉雙手，感受自由，最後離開座位時雙腿都站不直了，這眞是太刺激、太有趣了。

上週末我和另一半帶著女兒去探望他的父母……大家都在家，我決定去游泳，在優美的鄉村風景中，我在泳池享受了半小時的獨處時光。我跳進漂亮的游泳池裡，姿勢生疏而笨拙，然後游到泳池另一頭，爬上階梯、跑回水深的這一頭再跳下水，這次做得更好了。我重複跳了好幾遍，嘗試以各種姿勢跳入池中，跑回水深的那一端時常常笑出聲來，感覺回到十歲那年和哥哥在兒童泳池玩耍的時光。我用不同的泳姿游了幾趟，然後鋪好浴巾躺在陽光下，身體因爲泡水而冷卻下來，心跳很快，一直在喘，我想著：「這眞是太有趣了」。

從上面的敘述可見，眞正樂趣的回憶並不一定要發生在歐洲旅遊或某次遊樂園的雲霄飛車之旅，就算是生活中的小事也可以充滿樂趣，底下是一些其他的例子：

那是一個陽光和煦的夏日午後，我和女兒一起在湖中玩充氣船，那年我四十歲，她好像五歲吧。我們唱歌跳舞，又叫又跳……當然也免不了一起掉進湖中。

和男友一起在夏天騎腳踏車。我才剛升級腳踏車的配備，一陣子沒有使用，騎在小公園和鄉間小徑，我覺得精力充沛、笑容停不下來；天氣非常完美，感覺自己又回到了童年。

上個週末我和妻子請了保母照顧小孩幾天，兩個人單獨慶祝我們的五週年結婚紀念……如果要說哪個片刻特別難忘，那就是一起喝酒，一邊彈吉他一邊唱歌。在小孩出生前我們常常這麼做，只是後來就沒有時間了。

以上，等你寫下人生中三件充滿樂趣的回憶，沉浸在當時的感覺後，接下來請寫出：未來你會想要安排或參與什麼樣充滿真正樂趣的活動？你想做什麼？和誰一起？在什麼地點？為什麼這會為你帶來真正的樂趣？

關於這題，以下是一些來自樂趣小組成員的答案：

以後我想和鄰居好友一起去溜冰，我們可以去小時候去過的社區溜冰場，那裡現在還有復古的四輪溜冰鞋，而且播的音樂超棒。那個溜冰場有快樂魔法，每個人都在笑，盡情享受。去溜冰會帶給我眞正的樂趣，因爲我很喜歡溜冰，喜歡好聽的音樂，更喜歡看見我的朋友和其他人都在享受樂趣。在溜冰場我能暫時放下全職媽媽的身份，只需要聽著音樂、專心保持身體平衡，不用煩惱著家裡哪些事還沒做，煩惱著親友的事。看著那些溜冰高手的姿態，讓我感到很快樂，看著朋友們享受溜冰的樂趣也是。

以後我想去看即興脫口秀，脫口秀現場非常有趣，因爲你永遠不知道會發生什麼。這種表演的演出者都是積極的創作者，想要分享他們的自創作品（或是創意改編），表演者之間也會互相接納、彼此鼓勵。有時候兩個表演者會即興合作，有時候會出現才華洋溢的表演者，贏得滿堂喝采；沒有任何一場表演會是重複的，每個人的內容都是獨一無二、當日限定，這眞是「有些表演就是要現場看」的代表。

我想和丈夫一起去歐洲，去看古蹟，吃美食，認識當地居民。我們會在散步時談天說地、拍很多照片、尋找神秘的小村莊或廢墟；這樣的樂趣非常單純，因爲我們最愛一起旅行，遇見奇怪的狀況時我們也會一起開心地大笑，因爲知道這個經驗日後會變成兩人共享的秘密。這趟旅行一定會充滿樂趣，不用去想工作、沒繳的帳單、逝去的時光；我們會活在當下、專心享受旅行的每一個時刻。

寫下三個充滿真正樂趣的回憶，以及未來要做（或想要去做）的事情後，接下來問問自己，這四種體驗和那些讓你覺得愉悅、放鬆、享受、滿足、有意義的事情，有什麼不同。

如果想不出來，可以試著問自己這些問題（已經想到也可以試試）：

- 你小時候最喜歡做什麼？
- 你這輩子笑得最開心的時候，是哪一次？當時正在做什麼？和誰一起？
- 你最喜歡的節日、慶典或習俗是什麼？
- 生命中哪些時刻，最能讓你感覺生命的存在？當時正在做什麼？和誰一起？
- 生命中那些最開心的時刻，身邊都是誰陪伴著你？
- 現在的你會想做什麼，來提高未來獲得同樣體驗的機會？

這些問題都沒有正確答案，盡可能別去批判自己的回答，覺得很困難的話也不必擔心，這很常見。先讓它們在你的潛意識裡發酵，如果出現新的想法就趕快記下來（你也可以和朋友討論你們的答案，讓這個過程更有趣）。

步驟四：記錄你的享樂日記

樂趣健檢的下一個步驟就是開始寫「享樂日記」，記錄日常生活中哪些場景、哪些人物和活動，可以帶給你能量，讓你擁有有趣的靈魂、社交連結和心流狀態。雖然通常是新奇、少見的事情，才能帶來較強烈的樂趣，但也不是非要出國旅遊才能感受樂趣，事實上這些元素很有可能早就出現在你所熟悉的日常中。

我們將會運用享樂日記裡的資訊和關於樂趣的回憶，量身打造專屬於你的「樂趣磁鐵」以及「樂趣元素」，並找出在你的生活中出現最多與出現最少的元素，讓你能有更清楚的方向。我們還會分析你的享樂日記，看看那些你為了享受樂趣所做的事情，是否真的能產生有趣的靈魂、社交連結和心流狀態，還是會帶來偽樂趣，需要減少或戒除，這將為你空出更多時間，可以去做讓你感覺真正活著的事情。

「享樂日記」的靈感來自《做自己的生命設計師》書中的「好時光日記」。概念很簡單：每天空出幾分鐘記錄感受到「真正的樂趣」三要素的時刻（有趣的靈魂、社交連結和心流狀態），以及自己為了享受樂趣所做的事情（你可能會驚訝地發現，這些類別完全不會重複）。我建議至少記錄兩週以上才會有足夠的資料。也可以將享樂日記放在床邊，這樣一來在睡前就能記錄每天享受樂趣的時光，而不是把時間都拿來滑手機。

無論你所感受到的真正樂趣三要素有多微小或短暫，都請將它們記下來，註記是哪個要素出現了（有趣的靈魂、社交連結、心流狀態）、當時正在做什麼、和誰一起、身在何處、是否使用任何物品或裝置。只要是符合三要素其中一種或兩種的活動都值得多多去做；如果三者皆有，請把這個活動圈起來，很有可能那就是真正的樂趣！

以下是來自樂趣小組成員的實例：

心流狀態：工作（批改學生的作文，提供寫作上的建議），昨天也是，這讓我對自己的工作心懷感激，也發現提供他人建議是一件容易讓我進入心流的事。

社交連結：兒子今天生日，和他講了很久的電話，覺得我們更親近了。

眞正樂趣三要素：隨興地和丈夫一起在廚房聽著艾拉．費茲潔拉（Ella Fitzgerald）與貝西伯爵（Count Basie）的《鴛鴦茶》（Tea for Two），然後一起跳舞，我們一起編排了一段舞蹈，我還從櫥櫃裡拿出一些茶杯，眞的非常有趣！

每隔一個禮拜，回頭翻閱一下你的享樂日記，看看能否發現特定的規律（可以統計有趣的靈魂、社交連結和心流狀態分別出現的頻率，看看是否會隨著時間逐漸增加）。接著自我檢視是否有任何活動、場景或人物持續出現（或不曾出現）？如果有的話，在下個禮拜可以怎麼重複這些體驗？是否有一些狀態比起其他更頻繁出現？

翻閱享樂日記的時候請特別注意，你為了獲得樂趣而做的那些事情（或親近的那些人），是否有帶給你「真正樂趣」三要素。如果有，這些事（或人）就值得繼續花時間和心力去做，去親近。如果某件事情讓你感覺筋疲力盡，而非活力充沛，它很有可能就是偽樂趣，最好少做為妙。以下是一些樂趣小組成員為了獲得樂趣所做的事，經過反思之後發現其實一點也不有趣：

- 一直看手機
- 吃太多垃圾食物
- 過度使用 Instagram
- 每隔幾個小時查看臉書或社交平台——許多內容都是垃圾，一點也不有趣
- 花太多時間看 YouTube 影片

還可以把「為了『享樂』所做的事」畫成圖表，依據某件事情落在哪個象限，來決定是否要繼續執行。橫軸是享受與否的程度，縱軸是產生的能量強度，這麼做真的會很有幫助。下頁是我自己的圖表。

圖的右半邊是令人感到享受的活動，值得我們花時間去做，但只有在右上象限的活動才有可能帶給我們真正的樂趣，因為它們不但令人感到享受，還使我們精力充沛。右下象限的活動能使你感覺愉快，但我個人認為並不能為我們補充能量，因此很難成為真正的樂趣。很多你會獨自從事的興趣和嗜好可能都屬於這一區塊，例如閱讀書籍、聽你最愛的廣播節目或者做瑜珈（興趣和嗜好絕對值得我們空出時間、花心力去培養。接下來的章節將會更深入探討它們的價值）。

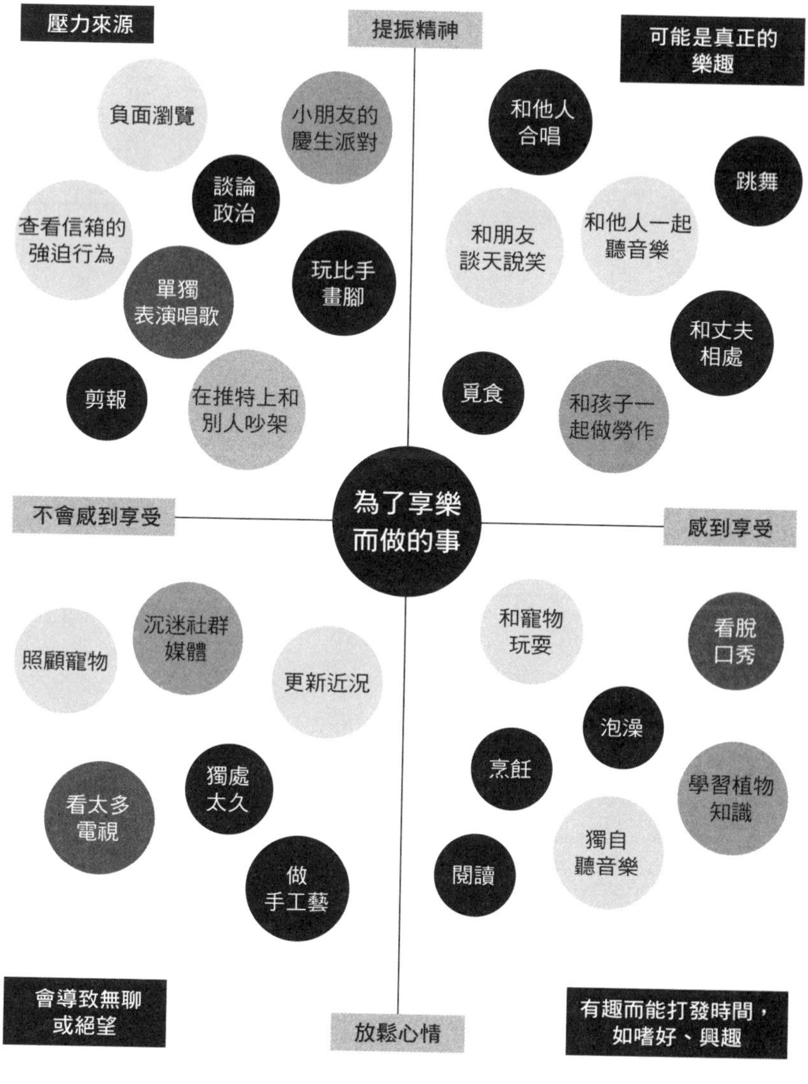
壓力來源
提振精神
可能是真正的樂趣
負面瀏覽
小朋友的慶生派對
談論政治
查看信箱的強迫行為
單獨表演唱歌
玩比手畫腳
剪報
在推特上和別人吵架
和他人合唱
跳舞
和朋友談天說笑
和他人一起聽音樂
和丈夫相處
覓食
和孩子一起做勞作
為了享樂而做的事
不會感到享受
感到享受
照顧寵物
沉迷社群媒體
更新近況
看太多電視
獨處太久
做手工藝
和寵物玩耍
看脫口秀
泡澡
烹飪
學習植物知識
閱讀
獨自聽音樂
會導致無聊或絕望
放鬆心情
有趣而能打發時間，如嗜好、興趣

請注意：各象限內的圓圈位置，是隨機擺放

圖表的左半邊則是不會令我們感到享受，而且還會帶來昏沉、無趣、壓力的事情。其中有些可能是偽樂趣，有些則完全無法讓人開心（就算有，它是在一陣強烈的歡樂之後，轉化為焦慮或存在危機，意味著這其實也是一種偽樂趣）。左半邊的活動越少，就有越多時間和機會從事右半邊的活動。

無論如何，千萬不要勉強自己，對自己好一點——這不是會被打分數的回家作業。有趣的靈魂、社交連結和心流狀態這三者鮮少同時發生，很多時候你甚至不會察覺到它們的存在，尤其在剛開始的時候這再正常不過了。你的目標應該是養成留心觀察日常生活的習慣，在這些元素出現時才能認出它們，而最終目標則是在未來創造更多真正的樂趣。

以下是來自樂趣小組成員的分享：

我第一次練習記錄享樂日記的時候，觀察到一個「同時符合三項要素」的時刻。那次是我和上司在電話上聊了將近一個小時，談論工作的事情，但也有歡笑、互相連結，我覺得非常有趣。我說我會做裁縫，也分享了我的創作，而她母親則竟然有辦法將布料保存六十多年（她後來送給我一整籃家傳的布料，讓我可以好好發揮，改造我的作品）。這是一通非常療癒的電話，掛掉電話之後我發覺，那眞是有趣！

記得要把你為了獲得樂趣主動去做的事情記錄下來，例如以下這個經驗分享。

今天我站在父母家泳池的跳板上和我媽媽說話的時候，我那時並沒有換上泳裝，突然感覺到一股衝動，想要穿著衣服跳進泳池，但我一面繼續和她說話，一面講話一面點頭，然後我像孩子似的大笑一聲，一躍而下。

首先，我真的很想和這個人成為朋友。其次，我覺得這是一個很好的比喻：我們都站在裝滿樂趣的泳池邊，想要跳進去卻又難以鼓起勇氣。成功的祕訣就在於拋開拘束，對內心的渴望說「好」，然後勇敢地一躍而下。

第5章

如何找到個人專屬的樂趣

如果每天只需工作四個小時，人們會不知道剩下的時間該做什麼；就當代世界而言，這眞是對人類文明的譴責。

——伯特蘭．羅素《賦閒禮讚》153

現在，每當「真正樂趣」三要素出現時，你已經能夠辨識了，也知道真正的樂趣是什麼樣的感受。下一步就是找出專屬於你自己的「樂趣磁鐵」和「樂趣元素」，也就是能帶給你真正樂趣的特定活動、情境和人物，以及能讓它們產生磁力的那些特性。

步驟一：先決條件

每個人找到「真正的樂趣」的方法不同，但還是必須透過幾個一般性的先決條件，真正的樂趣才能發生。這就像是地基，支撐起整幢房屋。如果這些先決條件並未完成，則真正樂趣的三要素（有趣的靈魂、社交連結和心流狀態）就無法產生。

前面二者我們已經討論過，但它們非常重要，值得再次說明。

- **專注當下、全心投入**：唯有專注在當下、心無旁騖的狀態才能享受樂趣，因為心流是樂趣形成的基礎，而心流需要我們全心全意的投入。這與我們使用手機的習慣有關，所以你可能會發現自己感受樂趣的先決條件是放下手機，甚至是（禮貌地）請求身旁的人也放下他們的手機。
- **不受他人或自己批判**：當我們受到批判時（不管是自我批判，或他人評斷我們），就很難擁有樂趣；同理，當我們感覺身旁的他人並不是那麼享受，或者出現了掃興的人，連帶我們自己也會很難享受樂趣。
- **毫不保留**：樂趣也需要每個人毫不保留的投入，你（和同伴）需要傾盡所有、用心對待所從事的活動或身旁的同伴。心不在焉的態度是無法在過程中產生樂趣的。
- **不要太注重成果**：當然，這不是說從此你再也不用管成果，畢竟你的目的是要讓自己投入在這些活動中，如果能夠有個明確的目標（或甚至一個競爭對手），就可讓自己更有動力，使你和他人更加親近，幫助你專心。你只需要帶著一顆輕鬆的心投入，輸或贏都無所謂，事情的結果不盡人意也沒關係。這讓我想到我丈夫常提到一個關於採集香菇的說法：「你可能是想採香菇，但最終可能只是上山散步、空手而歸。」

- **找個同伴一起**：確實在某些狀況或對某些人來說，獨自一人感受樂趣是可能的。不過以樂趣小組成員為例，他們回想起充滿樂趣的體驗時，幾乎都有提到其他人，連那些自稱是內向者的人也是如此。

真的，當我問小組成員關於樂趣的回憶是否有任何讓他們意外之處，許多人都說他們最驚訝的就是儘管自己喜歡獨處，可是幾乎所有關於真正樂趣的回憶，都有他人的身影。有一位成員分享，「我絕對是個內向者，也喜歡從事許多個人的活動，但意外的是，所有享受樂趣的時刻我都不是孤單一人」。另一位成員也說：「非常多我認為『有趣』的事情都是有同伴一起進行的，這真的讓我感到很驚訝，尤其我是個很內向的人，特別喜歡獨處的時光。」

內向者和別人在一起時更容易享受樂趣這件事，看似違反直覺，其實完全合理。許多心理學研究都發現與他人互動具有提振心情的效果，即使對內向者也是如此[154]（一篇論文就在標題中直接點出〈有人陪伴，樂趣更有趣[155]〉）。樂趣小組的說法和正向心理學家馬丁．塞利格曼在著作《邁向圓滿》中所寫的相符：「你上一次放聲大笑是什麼時候？」「上次感覺到極度快樂是什麼時候？即使想不起來這些生命中的高潮時刻，我知道它們有一個共同點：都在你和他人一起的時候發生[156]。」

我認為就享受樂趣而言，外向者和內向者的差別其實並不在於是否有其他人在身邊，而是人際關係的品質、精神能量高低以及現場人數多寡。內向者和他所熟悉的一小群人相處時，較容易感受真正的樂趣（這些人對他也要是熟悉的）；外向者同樣喜歡和一小群親近的朋友待在一起，但通常也會受精力旺盛、較不親密的場合吸引。換句話說，就算你是個徹頭徹尾的內向者，也不要冒然認定，有他人再你身旁你就不能享受樂趣。你可能只是還沒找到對的同伴而已。

步驟二：找到你的樂趣磁鐵

真正的樂趣是一種情緒上的體驗，不論做任何活動都無法保證它一定會產生，這點很重要。我們常會以為，為了獲得更多樂趣，就得做出更多嘗試，於是將行事曆排得滿滿的，讓自己疲於奔命，最後不但沒有感受到樂趣，還搞得筋疲力盡。

樂趣磁鐵

經常為你帶來樂趣

話雖如此，每個人都會有特定的活動、人物和場景是較為容易產生有趣的靈魂、社交連結和心流狀態的，因而更有可能吸引真正的樂趣。

我稱它們為「樂趣磁鐵」，每個人都會有自己獨一無二的磁鐵組合，想要增加感受真正樂趣的機會，就要盡可能讓樂趣磁鐵多多出現在你的生活中。

樂趣磁鐵＝經常為你帶來樂趣的人物、地點和活動

很可能你早已知道某些活動、人物、場景可以帶來樂趣，只是從未將它們歸類為「樂趣磁鐵」。它或許是和某位帶給你好心情的朋友相處，或許是去滑雪、烹飪等這些時常產生樂趣的活動，或者是營地、海灘、湖泊等總是令你感到開心的場景。

如果是的話就太好了，暫時想不到也沒關係——你已經做好前面幾個步驟的準備，有充足的資料可以分析。

首先閱讀「樂趣歷程」裡你寫下的那些故事，並檢視「享樂日記」中同時符合有趣的靈魂、社交連結和心流狀態三元素的事情——它們就是你體驗真正樂趣的時刻了。快速記下這幾件事情裡出現的活動、場景和人物，你可能會發現有幾個活動、場景或人物是在三元素中重複出現的。它們就是屬於你自己的樂趣磁鐵了。

你也可以注意每次體驗到有趣的靈魂、社交連結、心流狀態其中一項時（或其中二者時），當下的活動、場景和人物，它們是能吸引愉悅和享受的磁鐵（或許還有放鬆），雖然不太可能帶來真正的樂趣，還是值得持續追蹤記錄。

將自己和身旁他人的樂趣磁鐵互相比較，是個有趣的練習，可以幫助你們了解彼此的差異，並為你們各自或共同創造更多帶來真正樂趣的體驗（或者創造更多三元素）。

舉例來說，以下是一些我的丈夫喜歡，但我沒興趣的事：

- 爬山，穿過樹叢，不走既有的路徑
- 兩天一夜露營，背著所有食物、寢具和衣物，盡量不傷害任何植物
- 有策略、有目標的遊戲（例如撲克牌、骰子）
- 在寒冷結冰的池塘或小溪游泳

以下是一些我的樂趣磁鐵，但他無法理解：

- 開長途車發想新的生意靈感
- 結束車程後，花好幾週執行這些點子
- 玩我自創的遊戲，挑選兩個互不相關的行業，想像出一種能結合二者的事業，並為它取名字或想行銷語彙（例如結合刺青沙龍的整形診所，可以叫做「美麗復仇」；健身教練斜槓婚姻諮商師的人，可以說自己會「讓關係動起來」）
- 和他人一起聽好幾個小時的音樂
- 嘻哈有氧舞蹈
- 彈奏手風琴

以下是一些我們共享的樂趣磁鐵：

- 舉辦晚餐派對
- 旅行
- 享受美食
- 玩飛盤

- 和女兒一起探索世界
- 和親近的朋友相處
- 在路況良好的小徑健行
- 在沒有結冰的湖裡游泳
- 帶給彼此笑容

步驟三：找到你的樂趣元素

運用「樂趣歷程表」和「享樂日記」找出自己的「樂趣磁鐵」後，下個步驟就是探索讓它們發揮磁力的共同特質，這就是你的「樂趣元素」。當你知道自己的樂趣元素為何，便擁有這項強大的工具來尋求或創造更多可能產生真正樂趣的體驗。

舉例來說，跳舞或運動等動態活動中，容易使你獲得真正的樂趣嗎？運用智能的活動中，你較易感受真正的樂趣嗎？例如玩策略桌遊或者和聰明的朋友鬥嘴？身處大自然當中，會感受真正的樂趣嗎？手作或整理物品時會發生嗎？犯傻的時候？學習新技能的時候？社群歸屬感能帶給你樂趣嗎？競爭關係呢？是否需要和他人互動才能感受樂趣？

獨處的時候呢？

把樂趣分析得這麼細緻，或許看起來怪怪的，甚至可能造成無聊，但這是重要的過程：當我們越了解自己的樂趣磁鐵和樂趣元素，就越容易吸引到更多樂趣。

要找到你的樂趣元素，首先可以閱讀以下的樂趣元素清單，以及關於它們的敘述（請注意：我刻意將一些看似是同義詞的元素列出來，但它們之間其實存在重要的細微差異，值得我們花時間釐清）。

接著，選擇以下兩種方法的其中一種。第一，直接依據你的直覺，將最有感覺的樂趣元素圈起來。或者是第二種，以更有條理的方式分析：看看你的樂趣磁鐵清單和享樂日記中關於有趣的靈魂、社交連結和心流狀態的時刻，在符合該項經驗的樂趣元素旁邊打勾。舉例來說，假設我想分析為什麼一群人一起演奏音樂總是能帶給我滿滿的樂趣，我可能會在音樂、熟練、學習、挑戰、犯傻、團隊合作、社群、社交、親密和一小群同伴這幾項旁邊打勾；我最愛的搖擺舞也包括許多同樣的元素，再加上肢體活動。

樂趣元素列表

有趣的靈魂：有哪些特質或情境經常會讓你感受有趣的靈魂？

- 犯傻
- 創意發想
- 想像力
- 啟迪智力
- 挑戰
- 遊戲
- 肢體活動
- 不確定性
- 隨性
- 控制
- 失控
- 性事

社交連結：你通常較喜歡哪種形式的社交連結？

- 一大群人
- 少數幾個人
- 親密
- 陌生
- 匿名
- 獨處
- 團隊合作
- 社群

- 傳授／分享知識
- 領導

心流狀態：哪些特質或情境經常讓你進入心流狀態？

- 肢體活動
- 大自然
- 音樂
- 風險
- 尋求刺激
- 表演
- 成為眾人注意力的焦點
- 學習
- 表現專業
- 感性
- 競爭
- 探索／新奇

有些樂趣元素一目了然，有些則需要稍作解釋，尤其是那些看似重複或是同意詞的元素，讓我們來一一探討。

肢體活動指的是需要活動身體、與自己身體連結的事情（例如跳舞、運動）；**大自然**包括身處戶外以及和自然環境互動；**啟迪智力**包括任何鍛鍊大腦、促進思考的活動（辯論、開玩笑、解決問題、策略發想）；**犯傻**就是做些傻里傻氣或開玩笑的事（但不一定要是場鬧劇）。

創意發想包括創造任何事物的活動，像是製作物品、產生新靈感與新體驗，所以烹飪、腦力激盪、籌辦派對這些都算。

表現專業指的是擅長某件事情，並有表現的機會；**挑戰**是需要你努力或爭取才能達到的事情；**學習**即是獲取新的知識或技能；而**講授／分享知識**指的是透過教授或分享你的知識，和他人互動的過程。

領導是透過扮演教練、監督者、嚮導這類角色和他人互動，比方帶領大家練舞、指導一齣戲劇或者擔任隊長。

團隊合作的意思是與一群人一起努力達成某個特定目標（例如球隊）；社群的意思是和你所在乎的人維繫感情，但並不一定要追求什麼目標（例如教會裡的小組）。

感性指的是任何連結你與你自己五感的活動，感性有一部分內涵和**性慾**重疊（如調情），但感性不一定要包括任何與「性」有關的成分。

探索當然包括探訪新地點，但也可以指任何形式的新體驗。雖然真正的樂趣常伴隨新奇的感覺出現，對某些人來說，探索（也就是追求新奇）本身就是重要的樂趣元素。

想像力指的是任何能讓你陶醉在幻想世界的活動，例如角色扮演或扮家家酒，具體案例包括小朋友的假想遊戲、特定電玩遊戲、文藝復興嘉年華或角色扮演遊戲。

人們常將**風險**和**尋求刺激**相提並論，但我們也可能只感受到其中一種。若某人的樂趣元素當中包含「風險」，則他可能會因為危險而感到興奮；樂趣元素中有「尋求刺激」的人，則喜歡那些會讓腎上腺素狂飆的事情。舉例來說，雲霄飛車很刺激，但風險不高；賭博風險高，但不一定很刺激（除非你贏錢了）；跳傘則有風險又很刺激。

大家通常會把「**失控**」和風險以及尋求刺激歸為同類，但它也是獨立的樂趣元素。對許多喜歡風險和刺激的人來說，樂趣是來自逼近失控的邊緣，但又不超過那條界線的快感。好比賽車手以將自己逼到能力極限為樂，但應該不會有人聲稱自己很享受車輛失控的感覺。

另一方面，樂趣元素中有「失控」的人，有時會受到那些有助於逃避現實、有助於放鬆的活動所吸引，例如酗酒。失控也可以指那些將你帶離現在的領導位置，讓你從責任或決策的重擔解脫。舉例來說，我非常沉迷於規劃旅行，但幾年前和我的丈夫一起度假時，我請他負責所有的行前規劃。雖然這不像是我平時會做的事，但在那趟旅行，放手正是當下的我所需要的。

享受「**控制**」則是相反的狀況——這裡指的，不是要控制他人，而是控制你自己、控制你的決定、你的能力。控制他人（和領導他人不同）並不包括在樂趣的定義裡。

競爭和**遊戲**經常同時出現，但它們其實是不同的樂趣元素。遊戲包含架構、規則和目的，未必要有競爭，好比丟接球遊戲、輕鬆的高爾夫球練習。競爭包含對某些人來說能帶來樂趣的能量與強度，對其他人則成了反樂趣元素（競爭也不一定會以傳統遊戲的形式呈現，比方說你和丈夫睡覺時戴上智能手錶，比賽誰的「睡眠品質分數」比較高）。

表演和**成為眾人注意力焦點**看似是重複的，但至少對我來說，我們可能會在表演以外的時間享受成為注意力的中心，也可能不是注意力中心但享受表演，例如擔任伴奏樂手。

隨性指的是對機會和靈感保持開放心態，不執著於某項特定計畫。**不確定性**則是不知道結果的那種樂趣。舉例來說，你可能計畫去夜店玩樂（並非隨性發生的），享受不知道會發生什麼、會遇見誰的不確定性；你也可以隨性決定和一群朋友出去玩，確信和他們一起絕對會度過開心的時光。

如同先前提到，對一些人來說樂趣最常在和**關係親密**的他人相處時發生（這群人對他也要是熟悉的），而某些人則特別享受和**陌生人**相處。**一大群人**和**一小群人**的差別也是如此，想想參加演唱會的一大群人、跟在自家廚房聚會一小群人的差別（你當然有可能兩種都喜歡）。有些人在匿名的狀態會感到特別開心、自在；雖然大部分的樂趣都在我們身邊有人陪伴時出現，確實有些人主要會是在**獨處**時得到樂趣。

完成勾選或圈選那些符合樂趣磁鐵以及過去經歷過的樂趣元素之後，就可以清楚找到一些主軸：也就是旁邊有很多打勾或畫圈的樂趣元素，可以利用這些元素來發想有哪些活動和情境可能為你帶來樂趣。我最主要的樂趣元素包含肢體活動、學習和音樂，我就曾嘗試巴西戰舞——一種結合體操、音樂和舞蹈的武術。後來發現這並不是我的樂趣磁鐵，「武術」的部份讓我嚇壞了，但絕對是一個有意思的體驗！

旁邊只有一兩個勾選記號的項目也值得我們注意，它們雖然不是你最主要的樂趣元素，但可以做為未來探索與實驗的靈感。

我也建議你仔細檢視自己目前的生活，看看樂趣的三種基本要素——有趣的靈魂、社交連結和心流狀態是否足夠、是否平衡。會不會你雖然有很多進入心流的機會，卻較少享受有趣的靈魂和社交連結？或者許多人際關係都讓你感受到連結，但不是特別有趣？也就是說，這三個油箱是否有任何一個需要再加滿？如果有的話，就可以運用你的樂趣磁鐵和樂趣元素來想想能做些什麼。

步驟四：找到你的反樂趣元素

瀏覽前面的列表時，你可能會找到幾項感覺和樂趣完全對立的元素，就像是磁鐵的另一端異極相斥，我稱它們為「反樂趣元素」。能夠辨別它們也會對你很有幫助，可以避開包含這些元素的場合，也會更了解自己為什麼無法享受某些對他人來說很有趣的活動。

當我閱讀樂趣小組成員的答案，大家對某幾項樂趣元素的想法明顯比其他更為分歧，風險就是最明顯的一項：有些人受它吸引，有些人則避之唯恐不及。選擇所要嘗試的新活動時，知道你對於風險的承受度非常重要（你也可以想想，你對於風險和刺激的感受有什麼不同），比較你和周遭他人的風險承受度也會很有幫助，因為常是衝突的來源，而且大家都沒有意識到。了解你們的感受差別後，不喜歡風險的一方拒絕邀約時較不會有負擔，熱愛風險的人也可以大方展現自己、尋找擁有相同想法的同伴。

人們對於熱鬧聚會的想法很兩極，有些人很喜歡演唱會、派對或酒吧這些場合，有些人則認為人群並不有趣，只會帶來壓力。控制也是如此，很多人特別提到他們並不喜歡大量飲酒的場合，有些人則認為這很令人放鬆。大家對於想像力的感受也各有不同，不認為想像力能帶給他們樂趣的人，就真的很不喜歡這項元素。

話雖如此，在你將任何事物判定為反樂趣元素之前，我會鼓勵你試著挑戰自己。也許你真的不喜歡某些事情，或者某些事情不再能帶給你樂趣，但有時後你稍微挑戰一下自己之後會發現，也許並不皆是如此。

付諸行動：SPARK

讀到這裡，你應該對自己的樂趣磁鐵和樂趣元素都更加了解，也有了更多將有趣的靈魂、社交連結和心流狀態融入生活的靈感，就算你選擇在此打住、不再嘗試，也已經算是成功的第一步。

不過了解你對於樂趣的定義是一回事，在生活中具體實踐又是另外一回事。想要讓樂趣真正成為點亮生活的那顆北極星，你就需要為自己的生活和心態作出長遠的改變，才能把真正的樂趣從偶爾見面的稀客，變成常伴左右的密友。

在接下來的章節中，我們會利用簡稱為 SPARK 的五種技巧——為享樂保留空間（Make Space）、跟著熱情走（Pursue Passions）、吸引樂趣（Attract Fun）、小小叛逆（Rebel）和堅持享樂（Keep At It），來探索應該如何達成我們的目標。同樣地，在閱讀的時候不用感到有壓力，你不需要接受我提出的所有方法，只要挑選自己比較有共鳴的想法和練習嘗試即可。

無論你最後決定做哪些嘗試，記得我們的最終目標是找到你的樂趣元素，嘗試不同的樂趣磁鐵，經常讓自己感受有趣的靈魂、社交連結和心流狀態；即使現實生活不斷使我們動搖，也要為自己制定一個以樂趣為第一優先的生活計畫。換句話說，讓我們尋找為自己創造真正樂趣的方法，並且讓樂趣的火苗不斷延燒。

第6章 為享樂保留空間

空閒時間的概念就跟公共空間一樣，在大家的日常生活裡抽象得有如海市蜃樓。

——斯坦利・阿羅諾維茨（Stanley Aronowitz）與威廉・迪法齊奧（William DiFazio）《沒有工作的未來》（*The Jobless Future*）[157]

我父母的房子，是在一八四〇年代建造的，簡單的長方形地基，建物本身環繞著一座壁爐而建，還有許多樓梯。歷年來的前屋主們加蓋了不少房間，包含客廳、好幾間臥房和一道門廊。這棟房子的功能也幾經轉換，一開始是一座馬場的主建物（據說是這樣），後來是黑手黨的聚會地點，還曾一度變成妓院。

房子周遭環境非常優美，有大樹、舊馬場，還有個小池塘，可是進到屋子裡感覺卻異常狹窄。雖然被美景包圍，由於建築的重心是往內延展，主要活動範圍在廚房，但這裡卻是整間屋子最暗的房間。在不同房間之間移動需要經過許多轉彎和繞路，也幾乎沒有任何窗戶是面向戶外的美景。因為這些原因，屋內空間明明很大，卻讓人感覺快要得到幽閉恐懼症，加蓋的部分也是東拼西湊、雜亂無章。

這棟房子的架構使我聯想到我們的人生，大多數人的一生並沒有預先規劃好的藍圖，未曾想過我們究竟想要活出怎樣的生命。我們只是眼前出現什麼路，就走上去了。學校是父母為我們挑的、正確答案是老師告訴我們的，教育體制是為了訓練工業革命後大批的工廠人力，而不是為了激勵我們活出有創意又有意義的人生。我們糊里糊塗開始一份工作，通常為了滿足他人的期待，或抓住在關鍵時刻出現的機會，而不是因為那就是我們真正想要的。

還有身邊的朋友和同事，有些人滋養我們的生命，有些則是具有毒性的關係，只會榨乾我們的能量。到了一個時間點大家紛紛開始結婚、生小孩，有些人是真心想要這麼做，有些則只是覺得年紀到了就該踏上這條路。我們承擔責任、把握「機會」，只為了證明自己，不讓他人失望。為了工作需要購買手機、平板、筆記型電腦，帶著它們到處走，隨時隨地和那些瓜分我們時間的人保持聯繫。

我們忙著提升效率，以至於放棄了所有的嗜好；因為追求「保持聯繫」，我們反而不再有時間陪伴朋友。

我們的生活變得就像我父母的家一樣：滿足基本功能，甚至還算不錯，多數人應該不會想搬走，但建築設計完全是由他人決定。

想要創造更多真正的樂趣，就得著手開始打造自己理想的生活，就像沒有拆掉舊房子無法蓋新建築，我們也必須騰出空間才能獲得真正的樂趣。

「為享樂保留空間」的意思是要清除心理和生理多餘的東西——減少憤怒，拋開非必要的責任，設立界線來保護自己的時間和注意力不被掠奪。保留空間就是在行事曆中加入寧靜和開放，給自己餘裕去感受有趣的靈魂、社交連結和心流狀態，最終目標是保留足夠的空間，以便設計並打造自己真正想要的人生。

這不容易。想要體驗真正的樂趣，首先你必須要感覺安全、安心，基本需求都已得到滿足。這就代表生活中有一些情境顯然會讓真正的樂趣難以發生（甚至變得不可能），但我也相信多數人其實都具有這種能力，現在就來看看該如何開始。

給自己一張「樂趣許可證」

如果你和大多數人一樣，應該會覺得將樂趣視為第一優先感覺不太負責任，更別說是為了「自己」的樂趣。

然而，成為負責任的成人、公民，同時也注重樂趣，這是可行的，還會為這個世界帶來良善的力量（事實上我認為，讓自己保持精力充沛，並與他人連結，真的能讓我們的世界變得更好）。另外我也要特別說明，活出享受豐富樂趣的人生並不等於減少責任，是讓自己專注在能提振能量的事情上，這樣的過程會增加你的韌性，也讓你有更多精力去做其他事情。

雖然你的生活有非常多事情需要面對，也正因為如此，我想鼓勵你頒發給自己一張將樂趣視為第一優先的「樂趣許可證」。樣本請見下方：

我在此授權（寫上自己的名字）自由思考我的樂趣在哪裡，並將樂趣視為優先事項，無須感到自私或不負責任。我承諾，會採用能量充沛、令人享受的方式達成目標。

____

（簽名並寫上日期）

附帶條款：我同意，商請我的內在批判者保持安靜，避免給我不必要的負擔。

減少憤怒

如果要我為會扼殺樂趣的事情列一份清單，憤怒絕對位在前幾項，它會讓你無法和他人（例如你所埋怨的人）共享樂趣，這種有毒的情緒如果沒有好好排解，將會影響到生活其他面向。

憤怒是大家都有的情緒，在需要照顧幼童、其他家庭成員的「照顧者」身上尤其常見，許多人因此變得「不有趣了」，就像一位樂趣小組成員所說的，無法再變回「那個有趣的自己」。

以夫妻關係來說，尤其是有小孩的家庭，懷抱憤怒的那個人，時常是負責維持家庭功能的「隱形勞動」者：他／她管理並完成所有待辦事項，確保沒有任何事情被遺漏。一般家庭的隱形勞動通常包括協調所有人的日程、學校和運動的交通安排、定時預約醫生看診、慶祝所有人的生日（還要準備好禮物）、備齊冰箱食物、計畫社交活動、記得購買廁所衛生紙，還要覺察並處理每個人的情緒。

我以前不敢生小孩，一大原因就在於為人父母的隱形勞動。我已經有自己的健康（第一型糖尿病的日常照護就夠忙了）及身為自由工作者的接案壓力，我不覺得我還能承擔更多責任。我懷孕前和丈夫事先討論過，我記得有天晚上從我爸媽家回程的路上，塞在高速公路的車陣中，我就突然對他說：「如果我們有了小孩，你要負責預約小兒科醫生。」（他也真的做到了！）。

雖然我丈夫確實有把照顧小孩的工作做好，比我所知道的任何爸爸都做得更好，但是有時我仍然會隱約感覺到一股憤怒。只要我要求，他一定會去把事情做好，但開口的那個人通常還是我，因此關於日用品的採購、掌管一家人的日程、出遊活動的規劃與推動，依然是我承接了絕大部分的精神負擔。

我並不是在為自己辯解，說我有權感到不公平（畢竟我丈夫也負擔了不少隱形勞動），但這種感受是真實存在的，作者伊芙・羅德斯基（Eve Rodsky）的《公平遊戲：如何和神隊友一起有效經營家庭》（*Fair Play: A Game-Changing Solution for When You Have Too Much to Do (And More Life to Live)*）書中提到，為了減少憤怒的感覺，我們應該將家庭生活也視為一份工作。把所有維持家庭運作的有形、無形責任及勞動，都給予清楚的定義，並且明確分工，然後定期和另一半進行溝通，討論有什麼新的狀況或是尚未完成的工作，並決定每個人要負責哪些事情。

以晚餐為例，顯然家庭之中必須有人負責，但晚餐的相關工作很多，若以《公平遊戲》中的方法執行，負責晚餐的那個人就要處理好關於晚餐的一切事情，也就是羅德斯基所提出的發想（Conception）、規劃（Planning）、執行（Execution）（簡稱CPE），從決定菜單、採買材料到烹調餐點都包括在內。羅德斯基認為，發想和規劃的階段會造成大量精神負擔，但最終執行的人卻得到所有的功勞，這樣的分工不平衡正是夫妻之間憤怒情緒的一大來源。

有天我在出門去上吉他課前，故意把這本書放在另一半的枕頭上。我丈夫也不是笨蛋，果然看懂了我的提示，隔天早上他就提到了這本書。

「我看完了妳放的那本書，非常有意思，」他故意這麼開啟話題。

我當時想到，從我把書放到他的枕頭上，也才過了大約十二個小時，中間我們幾乎都在睡覺，他不可能已經讀完整本三百多頁的書。

「你不可能已經『看完』吧，我只出去了兩個小時，」我反駁道，現在才發覺我其實是在遷怒。

「是沒錯啦，但我有大概看一看，」他喝了一口咖啡後回答，完全沒發現自己一腳踩進了憤怒的坑洞。「別人的故事不需要那麼仔細逐字閱讀，那些『潔西卡覺得很憤怒，因為她丈夫做了這些那些』的部分我就自動跳過，不過整本書的重點我有抓到。」

事實上我也發現，我的無力感就是來自這些枝微末節的小地方：我強迫自己每一件事情都要做到最好，提前準備、後續追蹤，絕對不能遺漏任何小細節；而我丈夫則是擅於抓到事情的大方向，不會受到細部資訊影響，這點可以說是他的專長，我承認這也值得我學習。但在這個當下，我要的不是重點，我想要他也同樣在乎那些細節。

我不只是讀完而已，我還反覆閱讀，同理作者和書中其他憤怒夥伴的感受，閱讀的時候甚至會一邊點頭，他們的故事我都感同身受，並且鬆了一口氣：原來那些為人父母、成為大人、面對生活中一切的無力感，原來不是只有我有這種感受。

「那些故事的細節就是整本書的重點！」我生氣地對我丈夫說道。

我抓起書本衝上樓，窩在沙發裡哭了起來。彷彿這樣都還不夠丟臉，接下來我大力把書丟到房間角落。是的，我實在太生氣了，竟然亂丟東西。

我丈夫在廚房聽見了這一切，感到非常困惑。

與你分享這則故事是因為，雖然我的憤怒有部分來自精神負擔，但也有部份是來自於未能擁有足夠的真正樂趣來釋放情緒。初為人母的種種挑戰，使我的社交及嗜好大幅減少，但它們恰好是真正樂趣的重要元素。諷刺的是，當時我才剛剛開始上吉他課，重新喚起真正樂趣的感受，讓我想要得到更多；我就像是個餓壞了的吸血鬼，嗅到手指被紙張割傷的血腥味後，想要嚐到更多更多。

冷靜下來並為亂丟書本道歉後，我向丈夫解釋我為什麼這麼生氣：我很感謝他所做的所有事情，但依然覺得是我承擔了大部分發想和規劃的責任；他聽我說完，然後分享自己偶爾也會覺得憤怒，因為他默默做了很多事情我卻沒有看見（比方關於家中修繕的大部分工作）。他提議我們每週一早上坐下來一起喝咖啡，討論當週的計畫，將權責劃分清楚。後來幾個月我們的憤怒都明顯降低不少，無論各自或一起都更有餘裕享受真正的樂趣，對我來說這證明了即使再穩固的關係也有可以進一步努力的地方，打造更能吸引真正樂趣的情緒環境。

讓他人也有空間能享受樂趣

談到能吸引真正樂趣的情緒環境，為自己打造充滿樂趣的生活時，提供他人享受真正樂趣的機會也很重要。無論你和一個人多麼親近，你們有再多共同的興趣和熱情，還是會有一些樂趣磁鐵以及樂趣元素是不同的，你甚至會難以理解他們怎麼會喜歡這件事情，更別說是從中找到真正的樂趣。但這些都不成問題。

如果你的朋友、伴侶或小孩的樂趣磁鐵以及樂趣元素，是你無法理解的，切記不要潑他們冷水。請不要因為你不喜歡他們的樂趣，就批評、懲罰、厭惡他們；反而要幫助他們保留空間讓樂趣得以產生，多多鼓勵他們盡情享受，不必擔心回家的時候會被你責罵或需要「補償你」。這麼一來，他們很可能會在回到你身邊時感覺精神充沛，並有更好的狀態和你一起享受樂趣。當一段人際關係中的每個個體都能擁有真正的樂趣，這段關係就會變得更加強壯。

為樂趣騰出實質空間

除了心靈勵志書籍和喜劇演員的自傳，閒暇時間我還喜歡閱讀關於清潔整理的書籍。這個興趣是從我大學剛畢業時開始的，當時我讀了茱莉・莫根斯坦（Julie Morgenstern）的《整理，從心開始》（*Organizing from the Inside Out*），書中鼓勵我們跟著簡稱 SPACE 的五個步驟進行整理，我對這五個步驟倒背如流：分類、清除、發派、裝箱、均分。

多年後我又讀到近藤麻理惠（Marie Kondo）的暢銷書《怦然心動的人生整理魔法》（*The Life-Changing Magic of Tidying Up*），書中主要強調整理家中時必須一件一件碰觸你所有的物品，只留下那些能在你心中激起快樂漣漪的東西，也就是近藤所說的「怦然心動」。

在《紐約時報雜誌》一篇關於居家整理的報導中，描述近藤如何示範怦然心動的感覺：「她的右手向上指，左腿微微彎曲懸空抬起，姿勢就像一個小茶杯，然後右手做出手勢，同時發出『鏘』（kyong）的聲音[158]」。她的其他內容包括跪坐在地上向自己的住家行禮，摺好襪子和內褲以表示對它們的尊重，以及張口說出對物品的感謝，謝謝它們讓你的生活更好，甚至給它們一個擁抱，最後把大多數不需要的物品都捐出去或者丟掉。

擁抱大學時代最喜歡的上衣，再輕輕地把它塞進舊衣回收箱，這聽起來或許非常可笑；但「整理」是真的可以改變人生的，我就曾親身經歷這種改變，在女兒出生幾個月後，讀完這本書的我做了大膽而且或許搞錯方向的舉動，把整個家都整理過一遍。

那時我竟然在早上四點四十五分就起床，迫不及待想要整理家裡，還央求我丈夫請假一天在家顧小孩，讓我能把所有衣物堆在臥室中間，一套一套拿起我的內衣褲，找出哪些才是真的能讓我怦然心動的。最後我們總共捐出了大約二十個收納袋的物品給非營利二手商店，讓我覺得「整理」這個詞是非常委婉得體的說法，就像讓動物「安樂死」

或某人「被消失」一樣，這本書應該要改名為《怦然心動——把所有東西都丟掉》。

但是天哪，整理的效果非常驚人！我自己不太囤積東西，但多年來累積的物品就像沾在毛衣上一團一團的貓毛，唯有把它們全部清掉後才會發現，這些不需要的物品占據了我們多少實質和心理上的空間。記得我們剛整理完不久有位朋友拜訪家裡，也說整間屋子感覺變得更明亮，不是光線改變，而是整體空間的感覺（他不知道我們正在嘗試怦然心動的整理法）。

我並不是在說大家都應該效法我整理東西的強迫行為，每個人對於空間整齊的容忍程度不同，不過重新審視家中物品的經驗讓我了解到，外在環境對我們享受樂趣的能力影響有多大。

外在環境對於心理狀態有強大的影響力，哈佛商業評論（Harvard Business Review）有一篇文章寫道，「外在環境會影響我們的認知、情緒、行為、決策以及與他人的關係。雜亂的空間對於壓力、焦慮程度以及專注能力、飲食選擇、睡眠品質都會造成負面影響。雜亂環境持續的視覺刺激會消耗我們的認知能力，使我們難以專心」。

作者在文章結尾直接寫出「當我們所處的空間是一團亂，我們本身也是一團亂[159]」，雜亂的環境更被認為會讓血液中的皮質醇濃度偏高，進而導致焦慮和憂鬱，雜亂的書桌或餐桌還會不斷提醒我們應盡的責任和尚未完成的待辦事項（雜亂本身也是一件待辦事項，需要整理！）。

這對我們享受真正樂趣的能力有直接影響，請記得：任何使我們分心或造成焦慮的事都會讓我們無法進入心流狀態，而心流就是樂趣產生的先決條件。真正的樂趣通常會包括自由自在、逃離日常責任的成分，當我們的環境不斷提醒我們還有哪些事沒做，樂趣自然就難以產生。

雜亂對心理狀態的影響或許可以解釋，為什麼許多充滿樂趣的回憶都不是發生在我們的家中。道理其實很簡單，新奇會產生樂趣，而熟悉的環境較難帶給我們新奇的感受；但不只是陌生環境的新鮮感可以產生樂趣，還因為少了家裡牆角成堆的廣告信件，以及那些把我們拉回平凡生活的物品也是樂趣的一大阻礙。

有些空間環境的特點也可以促進樂趣產生，例如某個空間讓人們喜歡在這個聚會，我就讀過的新聞學院就是個很棒的例子，整個建築幾乎只有一個樓層，正中央有個大庭院，裡面有野餐桌和曬著太陽、散發芬芳的迷迭香，很適合在那裡待上一段時間。建築的主要走道沿著中庭而建，有窗戶讓大家在不同教室走動時都可以看見庭院（也可以看到有哪些同學在裡面）。

因為這樣的設計，學生和教授都時常聚集在中庭裡一起工作，但更多時候是在社交，許多研究所生涯中最令我難忘的對話都是發生在這裡。換句話說，這棟建築的設計具有一種情緒上的效果，讓人們想要待在這邊，我真心相信如果沒有這座中庭，我的母校可能不會有如此強大的社群和情誼。

說到這，我們可以整理出三大重點。首先，在你家中騰出更多空間，將可以減少焦慮和分心，因為這兩者都會阻斷心流，導致無法產生樂趣。第二，想要讓生活有更多樂趣，偶爾可以從日常環境中短暫逃離，為自己創造享受樂趣的新空間。第三，當你離開平時的環境，請確保新環境的特質是能夠吸引樂趣的（理想的狀況是，找到一個沒有堆積物品的地方，空間設計要能讓大家舒服地待在一起）。

我們不是要活得像僧侶一樣，或把所有東西通通丟掉。你只需要留心周遭環境對你的行為和心情有什麼影響，為自己打造歡迎真正樂趣的生活空間。

為樂趣保留心理空間

人的大腦不斷產生令我們分心、製造焦慮且通常沒有實質幫助的雜念，外在的資訊、干擾、刺激又不斷消耗我們的認知能力，導致大家沒有多餘的心力去思考真正的樂趣，更別提付諸實際行動。如同前面所討論，科技巨頭們的營運模式依靠抓住人們的注意力、綁架我們的思緒營利，這又使情況變得更加複雜。想要創造更多體驗真正樂趣的機會，我們就需要在大腦中主動為它保留空間。

我發現有個很有幫助的技巧，那就是為自己的時間和注意力都編列預算。正如我們的銀行帳戶裡只有一定數量的存款，我的時間和注意力也都是有限的；世界上有許多人想賺走我的錢財，然而時間和注意力一旦花掉，就不可能再賺回來了。

所以我們必須要為重要的事情保留足夠的時間和注意力。但首先，我們得找出哪些是重要的事，才能為它們保留空間。

想想看，假如你要把一堆石頭裝進籃子裡，石頭的大小不一，最大的代表你最重視的事情，最小的則代表較不重要的事情；還有沙子，也就是那些細微、不重要，但會消耗時間的事情。這個籃子就代表你的一天。想要將大石頭都裝進籃子裡，就必須優先把它們放進去，否則空間就會不夠；小石頭和沙子可以塞進大石頭之間的縫隙，可是大石頭則無法擠進已經被小石頭和沙子填滿的空間中。

你大概已經知道我接下來要說什麼，如果你有一件重大的事情需要完成，好比寫一本書，你就得為它空出時間。如果不這麼做，查看新聞和信箱等不重要的小事，就會把你的專注力和能量消耗殆盡，讓你沒有力氣去做那些有意義的事情，這就是我們沮喪和疲憊的來源了。

人際關係的經營，以及獲得樂趣的機會也是如此。如果和朋友、小孩、配偶的關係是你人生的第一優先，那就好好陪伴他們，在相處的時候先把會造成分心的東西放到一邊；如果知道某種活動是你的樂趣磁鐵，就在行事曆上為它空出時間。

大約一年前有個朋友提到她在使用一種規劃日程的工具，可以幫助她找出小石頭和沙子，讓最重要的事情成為優先，她一臉認真地告訴我，這麼做改變了她的人生。

有天早上我們一起吃早餐，她拿出那個工具時我笑了出來：那簡直是大尺寸的日記簿，又厚又重，沒有背包包的話根本沒辦法帶出門。這完全是反效率、反極簡設計的代表產品，簡直像是用智慧型手機去換一塊磚頭。

我無法想像這樣的東西怎麼會實用，甚至可以改變人生。但我非常相信這位朋友，所以馬上就訂購了一本一模一樣的行事曆。

當然，收到之後我立刻就愛上了它。

原來將事情分門別類區分開來，確實需要許多不同的清單，在判斷出「今日最重要的目標」後，你需要寫下最多五件「重要」的事，和五件「有完成很好」的事；也就是說每天最多只能列出十件事情，還包括工作以外的運動和興趣。

那本行事曆也鼓勵你每天寫下三件感恩的事和三件期待的事，這些都是經過正向心理學證實能提升人們幸福程度的練習。最後，有一塊空白處讓你能列點安排一天行程，為這些重要任務排定執行的時間。

在每天的一開始就安排日程，有助於我找到最重要的那些「大石頭」，也較不容易馬上就因為雜訊而分心。我會在每天剛開始的時候，就先安排好當天日程，接著才開始查看手機，因為這通常是我生產效率最高的時段。我甚至會把手機放在別的房間充電，免得讓自己每天的分心都從查看手機螢幕上的雜訊開始。

上床睡覺前我會把手機放到充電的地方，然後打開我的手寫行事曆，很快地寫下一句形容這一天正面的句子，以及三個讚美和三個最棒的時刻。每天起床和睡前這麼做，可以保證我在一天的開始和結束都在進行自我反思，而不是漫無目的的滑手機。

我希望你能從這本書學到最重要的一點就是，請理解你自己，因為保持平衡很難，尤其面對科技的時候更是如此。你正在對抗極為強大的對手，因為電子裝置原本就設計要使你上癮，你正與自己的大腦為敵，正在訓練自己抵擋多巴胺瞬間的快感，以換取未來更加令人滿足，但也更難以企及的真實、值得回憶的體驗。所以如果暫時搞砸了，不要難過太久、不要厭惡自己，只須找出讓你落入陷阱的是什麼，然後繼續前進。

限縮你的清單

這本行事曆也包括一欄每天都有的「不辦清單」（Not-To-Dos），藉由事先寫出受到吸引、其實是浪費時間的事情，那麼等到感覺想要去做這些瑣事的時候，就可以成功阻止自己，為真正重要的事保留空間。疫情封城時，介紹這本行事曆給我的朋友某天和我分享她的不辦清單：①臉書，②房地產交易資訊應用程式，③感到絕望。

這個清單背後的概念是辨別那些你不想浪費時間去做的事情。對更多事情說「不」，以便替自己保留空間。紀錄你的不辦清單幾乎就跟找出你每天的待辦事項一樣重要，這不只能讓你在面對誘惑時更懂得留心並拒絕，也可以有空間即興去做一些你很喜歡，又不會影響到生命安全的事。舉例來說，光是在我的不辦清單寫上「反覆查看新聞」，每天至少能為我省下三十分鐘，可以拿來練習鋼琴或吉他、出門散散步、和突然打電話來的朋友聊聊天（或者什麼都不做，那也很值得）。

減少我們承擔的責任和領導角色來精簡待辦事項（雖然它們不像沉溺於社群媒體那麼浪費時間），這也很重要。許多人喜歡主動把事情攬在身上，雖然有些責任是我們主動承擔，也確實能帶給我們樂趣，有些則是他人加諸在我們身上的。不幸的是，天生責任感越強的人，後天經常會被賦予更多責任，當有事情需要完成時大家就會想到他們，於是這些人便成了家長會的會長、球隊的教練、負責在辦公室籌辦生日派對的人等等。如果你也是這樣的人，希望你花一點時間問問自己：你身上有多少責任是非做不可的，又有多少是你自願接下的呢？而你自願承擔的諸多責任中，又有多少是你真正享受的？

接著難題來了：我們應該拒絕哪些要求？我們若想要保留空間，對那些能帶來快樂的事情說「好」，就必須對不感興趣的事情勇敢說不。試著檢視你目前所負責的事情，看看有哪些是你想要放手的；未來當有人要求你承擔更多，先問問自己：這絕對必要嗎？答案為非的話，再用直覺來判斷：這感覺有趣嗎？（太抽象的話也可以這樣問自己：這是否能帶給我有趣的靈魂、社交連結或心流狀態？）是的話就答應，不是的話就拒絕。

幾年前當我重新檢視是否要繼續在一個董事會服務時，我也這樣問過自己；我喜歡董事會的其他成員，也很在乎這個組織，但每到開會的夜晚回家時總感覺筋疲力盡。我是自願參與的，也認為這是很有價值的貢獻，但我知道就算我不再是董事會成員，組織也可以繼續運作下去，何況當時我已經被生活中其他不太有趣的事情壓得喘不過氣。當我問自己「這有趣嗎？」，未來是否能帶給我更多獲得有趣的靈魂、社交連結和心流狀態的機會，答案都是否定的，所以雖然有點尷尬，我還是請辭了；這個組織現在仍在運作，我也有了更多時間可以運用。

你也可以用同樣的方式來決定是否繼續一段關係，有些人總能讓身邊的人感到開心，有些人則不然。我們都難免得跟負面思考的人互動，他們可能是家人、同事或者我們的主管；但如果你發現某個人對你來說總像是反樂趣元素一樣，讓你感覺受到批評或自我批判，不然就是時常潑你冷水，若是有權控制和他們相處的時間，何不盡可能降到最低？人生太短，別浪費在那些讓你感覺不快樂的人身上。

當你想要限縮人際關係的清單時，可以參考「鄧巴數字」。學者羅賓．鄧巴（Robin Dunbar）研究了一個群體的人數可以增長到什麼程度，才會分化為小團體或完全崩解，以及人類一次可以和多少人維持互動關係。鄧巴的研究對象包括人類和其他靈長類，他發現這主要是取決於大腦內掌管認知及語言的新皮質（neocortex）有多大，當一個物種腦內的新皮質尺寸越大，可以維繫社交關係的人數就越多。

人類一般可以同時和大約一百五十人維持社交關係，而當一個群體人數大於一百五十人的時候，通常就會解體。他以及後續其他科學家的研究顯示，這是一個固定的數值，在不同文化環境和時空背景皆是如此。鄧巴也發現，人們最多可以和大約五十人維持較緊密的社交關係（定義是你會邀請他們一起聚餐的朋友）；你的知己，也就是可以分享祕密的好朋友，通常不會超過十五人；至於人生的摯友，最親密的至交，則是通常不會超過五人[160]*。

所以，何不限縮你的社交名單，為自己保留更多空間？首先針對目前你會花費時間和心力的事情，直覺判斷一下，接著問自己有哪些責任可以割捨，好把時間花在真心喜歡的活動和他人身上，也讓隨性的樂趣有機會出現。你的時間與注意力是一種零和遊戲，一旦花在某件事情上，就不可能同時做另一件事情。想要擁有更多真正的樂趣，我們就必須對花費時間的任務和對象果決一點。

和手機分手

決定好要如何利用我們的時間，並且限縮人際關係和投入活動的數量，也就是在自己的樂趣小屋騰出空間，讓樂趣可以進入其中後，下個步驟就是要裝上門鎖來保護這個空間。由於智慧型裝置的存在，這麼做變得特別重要：如同前面討論過的，很多企業和商人都想偷走你的注意力，你必須要特別警戒小心保護自己，因為花在這些裝置上面的每一分鐘，都是白白送給別人的時間。

我說和手機「分手」，並不是要你把手機丟掉。正如同和一個人分手並不代表要拋棄所有人際關係，和「手機」分手也不表示我們就再也不使用任何行動裝置。我指的是審慎評估哪些是真正有意義的事情，讓你和你的手機能創造全新的、更加健康的關係，保留所愛，降低或消除那些不愛的。

畢竟我們的手機以及所有行動裝置，都是現代生活無比重要且會帶來享受的一部份。我在智慧型手機尚未問世的年代長大，但我可以告訴你：能隨時聽任何音樂、學習任何知識、和任何人連絡的感覺真的很棒。

所以，我們該如何跟手機分？首先你得先想清楚究竟該如何運用時間，不然就只能靠著意志力抵擋拿起手機的衝動，這是想要改變習慣最糟的做法（等到意志力消耗殆盡，

＊鄧巴的研究成果，與今日人們使用社群媒體的習慣完全相反。在社群媒體上大家追求的是「擁有更多連結」。但鄧巴指出，你在社群媒體追蹤的人，許多都與你的生活沒有什麼關聯。見 https://www.newyorker.com/science/maria-konnikova/social-media-affect-math-dunbar-number-friendships

你又會回到原點）。更有效的做法是專注於找出你的「大石頭」，也就是對你來說最重要、最享受的事情，並為它們保留空間（下一章還會提供一些建議）。

完成這個步驟後，你就會發現自己花在小石頭和沙子的時間變少了，衝動也會跟著降低，因為在你的心中手機不再是需要抵抗的誘惑，而是阻擋你追求理想生活的絆腳石。

許多人常犯的一個錯誤，就是以為所有使用智慧型裝置的時間都是一種浪費。這不是真的。你可以把我們使用螢幕裝置的時間想成是在吃飯，有些功能（例如社群媒體）就像垃圾食物，很難有節制地使用；至於其他功能如利用地圖應用程式避開塞車路段，就像燕麥粥一樣，很實用、有點無聊、不太可能失控。當你嘗試培養更健康的飲食習慣，應該不會完全不吃東西，而是選擇對自己有益的食物，減少攝取讓自己感覺不舒服的食物。你可以運用相同的手法為科技產品制定更詳細的使用守則：只需想想哪些使用螢幕裝置的時間是必要且愉快的，該使用多久才能讓自己滿足但又不會吃得太飽。

無論是否使用智慧型裝置，我覺得將自己的閒暇時間分成三個種類也很有幫助，也就是連結（connection）、創造（creation）和消耗（consumption）（我稱它們為三個C），接著我會問自己哪幾項最能讓我感到愉悅、滋養、滿足，適合的份量各是多少。除了閱讀（還有美食！）之外，我很少會對消耗性質的娛樂感到滿足；在創造類，我通常比較喜歡「不必使用螢幕裝置」的創造，可能是因為不同的感官都會得到刺激，例如演奏音樂或烹調美食就比在電腦上剪輯影片更加開心。連結類是目前我覺得最棒的休閒娛樂種類，並且可以再細分不同等級，面對面的互動比講電話更好，講電話又比簡訊或電子郵件更好（透過社群媒體「連結」沒什麼意義，完全不能讓我滿足，所以我會盡量避免）。

我在評估使用螢幕裝置的時間時，還會使用一種我稱之為「手機風水」的技巧。借用風水「氣」的概念，例如風水的一個目的是去除環境中會讓氣「卡住」的地方，所以房間不應囤積太多物品，視線要能直通大門。而我把「能量卡住」的概念應用在手機上，比方說如果我使用手機查看信箱或新聞，我的注意力——也就是能量——會卡在手機裡，這就不是好的使用方式；如果我用手機打電話給朋友，或者上網查資料，例如食譜或是一首歌的和弦，我的注意力和能量的流動就會透過手機回到真實世界的目標中。

這個方法能幫助改從心靈層面去判斷日常所從事的活動帶給你什麼樣的感受。你也可以把它用來評估自己的人際關係，你和哪些人共享相同的能量？哪些人總是讓你身心俱疲？哪些關係總是需要你不斷付出？

以上都是練習正念認知的方法，也就是在任一時刻覺察到自己正在做什麼、感受為何。這是改變習慣不可或缺的一步，道理很簡單，卻時常被忽略：如果你根本不承認問題的存在，絕對無法改變習慣、解決問題。這就像是不知道自己有菸癮的話根本不可能成功戒菸，改掉壞習慣的前提是意識到自己有問題，因此和手機保持距離的第一步，就是判斷並承認你的使用習慣，省思這對你的生活造成哪些負面影響。

話雖如此，要真正做到並不容易，因為使用手機的習慣都已經內化成下意識的舉動，我們常常回過神來就發現手機已經拿在手裡。為了更容易察覺自己的行為，我鼓勵你進行兩個步驟：首先在手機外綁上一條橡皮筋或髮圈，如此一來當你自動伸手拿起手機，就會被實體的障礙所干擾（即使只有非常短暫的時間），大腦會想「我的手機怎麼會綁了一條橡皮筋？」；這時下一個步驟就是問自己幾個問題，幫助自己了解為什麼會伸手拿起手機，並進一步判斷現在是否真的想要使用手機。

這幾個問題，我稱之為 WWW 練習，也就是以下三個問題的簡稱：

目的是什麼（What for）？

為什麼是現在（Why now）？

還有什麼選項（What else）？

「目的是什麼」這個問題幫助你了解自己為什麼拿起手機。是為了完成什麼事情（發電子郵件？看某篇新聞報導？）？你真的有具體的目的嗎，或者只是想看看能找到什麼？

「為什麼是現在」這個問題幫助你回想自己是為什麼在這一刻拿起手機，這個問題非常有趣，因為你雖然可能有特定理由，很多時候原因其實都是情緒性的。你突然有點無聊或感到焦慮，注意力逐漸降低，因此想要讓自己分心；或者你只是很孤單，想要有人可以陪伴。

了解背後的原因之後，問自己最後一個問題：還有什麼選項呢？這時我們就可以用前面兩題的回答，來發想接下來可以嘗試什麼活動。如果你渴望與人連結，也許可以關掉社群媒體，用手機打電話給某個朋友；如果感到焦慮，或許可以放下手機去附近走走，或者很快做一下冥想。

關於最後一題，你的答案有可能會是什麼也不做，讓大腦休息一下（這是創造享樂空間很棒的方式）；你也可能在做完練習後決定現在就是想要使用手機，那也沒有關係。這項練習的重點不是強迫大家放下手機，只要確定每次使用智慧型裝置，都是你有意識、自主做出的決定。

找出你的優先事項並且了解使用手機的習性，讓行為更有自主性之後，就可以開始對你的手機和外在環境做出改變，讓新的習慣能夠維持，感覺更加健康也能享受更多的樂趣。

大方向是利用「摩擦力」的原理，讓你很難去重複做那些你想要改掉的壞習慣，而且更容易去做那些想要培養的好習慣。矽谷的科技新貴很喜歡用摩擦力來代表任何會讓用戶感到困難或較不方便使用產品的阻礙，例如從前開啟手機是需要輸入密碼解鎖的，後來有了指紋掃描技術，現在更出現臉部辨識功能。這些科技進展都讓摩擦力越來越小，如今你甚至不需要先有「我想使用手機」的念頭再手動輸入一串密碼，只要看它一眼手機就會自行啟動。

了解摩擦力的概念後，我們就可以加以利用。比方說如果你睡前想要寫日記而不是查看社群媒體，首先就要為你目前的習慣增加摩擦力，把手機放在別間房間充電，或至少放在伸手拿不到的地方；接著降低新的習慣的摩擦力，把日記本放在床邊，也就是你原本放手機的地方。如此一來當你下意識想拿起手機（你一定會，因為這已經成為內化的習慣），拿到的卻是日記本，開始寫日記就會比下床去拿手機來得方便。

你可以在各種不同的情境使用這個方法，例如我想要變得更會彈吉他，於是我就不把吉他收進盒子裡，並且將它放在客廳以減少摩擦力，光是讓物品變得比較容易取得就提高了我今天練習吉他的機會。

請注意，取代螢幕裝置的那些活動，並不一定要帶有高能量或者對你的未來有所助益，尤其是在你知道自己會有點疲憊的時段。經過漫長的一天，睡前滑手機最好的替代方案可以是讀一本小說或玩簡單的填字遊戲，而不是欺騙自己睡前你還會有力氣學習日文。

和手機分手的下個步驟是檢視手機裡的多巴胺刺激，並減少接觸它們的機會，這些誘惑可都是為了偷走你的專注力而設計，你的目標就是盡可能讓手機變得不那麼有趣。

首先你可以減少通知的數量，應用程式通知完全就是為了劫持我們的注意力而創造，對應用程式設計者有利，對我們自己卻很不利。請調整手機設定，讓自己只會收到真正重要的提醒（像我就只允許簡訊、電話、行事曆和導航系統跳出提醒）。

接著，重新安排你的手機桌面，清除誘惑，只留下必須的工具（精神科醫師稱之為「增加取得難度」）。想要戒除酗酒習慣，就不該在家裡冰箱放酒；若是想要戒除某個應用程式，就不該讓它出現在手機桌面，或者乾脆直接刪除它。

查看電子郵件和即時新聞是我最無法克制的誘惑，為了增加取得難度，我直接把這幾個應用程式都刪除了，盡可能只在電腦上查看這些資訊（而且一天只能看幾次）。這並不代表我就再也不用手機收信或讀新聞，如果想要或需要的話，我依然可以透過手機的網路瀏覽器取得這些資訊，但重點在於為每項智慧型裝置設立明確的用途以劃清使用界線。我也和這些應用程式保持「斷斷續續」的關係：如果我真的很想使用某個已經刪掉的應用程式（或者無法在電腦上使用），我就會重新下載，使用完畢後再次刪掉。這個過程只需要多花二十秒鐘，但已經足夠我意識到這份衝動，並且問問自己是否想要把時間花在這件事情上。

找回大腦掌控權

最後一點，想要為樂趣保留空間，你還需要將大腦中的思緒進行大掃除。

人類的大腦向來不喜歡安靜，在手機等行動裝置被發明前就已經如此，自從人類文明開始出現宗教和哲學，學習讓自己的心靜下來就成了我們長期追求的目標，但智慧型手機又讓這個目標更難達成了。

學習靜下心來為何如此重要？原因很簡單：不是大腦隨機產生的所有想法都值得你花力氣注意它們！我們的腦中會不斷湧現新的念頭，因為這就是大腦的主要功能。有些念頭對我們有幫助或者非常有趣，有些則沒什麼價值，甚至可能具有破壞力；如果沒有為自己的思緒保留一點空間，就無法判定到底哪些想法是值得花費時間與注意力的，因而被自己隨機的想法牽著鼻子走。我喜歡把我的大腦想像成一位和我非常要好，但心理狀態不太穩定的朋友；我很愛她，也不會想要離開她……但她完全就是個瘋子。

讓心靜下來的一個方法就是主動擁抱無聊。當你在等待朋友赴約時，別急著拿起手機，而是好好看看周圍的世界；搭電梯時看看樓層指示燈，旅行時看看窗外的風景；排隊時則可以練習慢且深的呼吸（換句話說，成為那個帶著茫然表情發呆的怪人吧）。一開始很難做到，但久了之後比起連續不斷的資訊刺激，你可能會更加期待這些思緒的迷你假期。

如果你想要更進一步，可以試著遠離螢幕更長的時間（後面會有更多說明）。和朋友約好碰面，但在路上不要一直傳訊息告訴彼此你到哪裡、會遲到幾分鐘，只需在事先決定的時間和地點出現就好（我知道你一定覺得我瘋了）；試著不帶手機出門散步；在每天的第一個和最後一個小時不使用螢幕裝置。大多數的人剛開始一定會感到焦慮，但慢慢就會體驗到意料之外的平靜。

另一個方法是盡可能一次只做一件事情。專心是心流狀態的先決條件，因此心無旁騖才能創造真正的樂趣。摺衣服的時候，只專心做這件事情；陪伴朋友和孩子的時候，只專心在他們身上——請把你的手機放在完全遠離視線的地方。當你越常練習這麼做，專心就會變得越來越容易（你的人際關係品質也會有所提升）。

我也推薦你嘗試正念冥想（mindfulness meditation），這是現代版的佛教冥想，也是許多科學研究探討的主題。主要的做法就是把注意力集中在一個地方——最常見的就是聚焦在自己的呼吸上——然後保持專注，任由想法進入、離開你的大腦。

當你這麼做時，無數雜念絕對會不斷湧現。我聽過冥想老師提出一個我很喜歡的比喻：想像你平時的思緒就像是受到搖晃而形成一場小型暴風雪的雪花球（snow globe），片片雪花就是你腦中的想法，四處飄散讓人看不清球體裡的物品。練習正念冥想時，你會不帶批判地從旁觀察這場暴風雪，也就是你紛飛的雜念，最後當雪花都落在球體底部，雪花球裡也會恢復平靜。

我非常建議你可以嘗試看看，但要注意兩件事情。首先，請對自己保持寬容，如同我前面提到，你的大腦本來就會充斥各種念頭，因為產生想法就是它的工作；如果你試圖冷靜下來卻不斷分心，無須責怪自己，這完全正常，而且注意到自己的念頭就已經是成功的開始。

其次，很多人習慣把自己的生活填滿，因為靜止和留白都會令人感到非常不自在，大家總會讓自己保持忙碌，以免我們的焦慮趁虛而入。我認為保持忙碌某種程度上是很好的生活方式（我自己也會這麼做），但很多人做得太過火了，讓忙碌本身也成了焦慮和痛苦的來源；然而如果停止忙碌，又會有另一種副作用短暫出現，那就是存在危機。

無聊危機／存在危機

維克多．弗蘭克在一九四六年就已經把這種他所謂「週日精神官能症」（Sunday neurosis）的現象命名為存在危機，也就是「當忙碌的一週過去，生活的空虛變得無所遁形時，折磨人們的那種低落情緒[161]」。

我對他的描述很有共感，原因在於，他所描述的正是我在前言分享過的、發生在我身上的故事，那個坐在沙發上因為無所事事而感到害怕的片刻（唯一的不同是我的故事發生在一個週六，而非週日）。弗蘭克還給了這種空虛的感受一個名稱：存在虛無（existential vacuum）。

伯特蘭・羅素在一九三二年的文章《賦閒禮讚》也曾提出類似的觀察：「一輩子都在工作的人突然閒下來會感到非常無聊，但如果沒有從事足夠的休閒活動，人們就被剝奪了許多最美好的事物[162]」。

弗蘭克和羅素的說法到今天依然適用，如果你將生活進行了一場大掃除，就會突然多出許多空間和時間，這確實可能會引起我們的存在焦慮。

也許你會發現自己已經忘記「樂趣」是什麼樣的感受，或甚至幾乎沒有任何感覺。我是認真的！這其實很常見：我們太過習慣將每一天都用忙碌和分心填滿，當生活慢了下來，或者暫時脫離數位科技，會讓我們感覺手足無措、空虛焦慮。

別太沮喪，適量的焦慮對我們其實有益，生命中最棒的事情時常需要付出心力、經歷痛苦才能達成，學習與心理上的不舒服共存是非常重要的生活技能（這通常也是渡過危機最好的方法），可以幫助我們度過生命裡的各種挑戰，例如失望、損失和恐懼。

另外，每個人都有發現（或者重新發現）自己享受的活動的能力，並能藉此降低焦慮，打造吸引更多樂趣的生活。事實上當你開始這麼做，很有可能就會停不下來；我可以很有自信地這麼說，因為這就是真實發生在我身上的過程：絕望的瞬間激勵我找到自己真正想做的事情，我還在努力當中並且盡情享受這個過程（也讓我寫出這本書！）。

我們已經成功踏出第一步，為能讓我們盡情投入的活動保留空間，接著要開始進行好玩的部分：找尋這些活動的靈感。

第7章

跟著熱情走

大家都以爲享受閒暇時間不需要任何專業能力，每個人都能做到。事實上卻是相反：享受休閒時間，比享受工作還要困難；擁有空閒的時間並不能改善一個人的生活品質，除非他知道該如何運用空閒時間。運用空閒時間，也不是無須學習，天生就會的技能。

——米哈伊．奇克森特米哈伊《心流》（*Flow*）

四十歲那年我決定去學划船，碰到的第一個挑戰就是要找到願意教我的老師。照理說這應該很容易：費城的划船文化很盛行，我又住在距離船屋街騎腳踏車只要十分鐘的地方，這裡的斯庫爾基爾河（Schuylkill River）岸邊駐泊著十五棟船屋，每天早晚都有許多人出發划船。

然而後來我發現，許多人是在高中或大學就開始學划船，到了成年之後還繼續划船運動，大多是早在滿二十一歲之前就已經學會這項技能。讓入門更加困難的是這種船非常昂貴，一艘基本的單人小艇就要好幾千塊美金，而且只要稍微碰撞或雙腳放錯地方，就有可能徹底損壞無法修理，你絕不會想讓路過的陌生人碰你的船。

因此整排船屋只有兩家有提供成人的「划船入門」課程，而且這兩間划船教室也並不是特別積極回覆我的洽詢，畢竟我從來沒有划過船，只是想「試試看」（其中一間甚至要求先預繳一整年的費用才能上第一堂課）。無論如何，最後我總算成功在不需先繳交好幾百塊美金的教室預約到課程。

我對學划船的興趣是因為一個鄰居而開始的，她告訴我從水中看見天際線、在美國大城市裡感受大自然有多麼夢幻，小烏龜還會在木頭上排排站，彷彿在看著她划船，這樣的自然風光聽起來美妙極了。戶外划船似乎也比健身房裡的划船機更讓人容易投入，我多年來做有氧運動時都是使用這項器材，因為兩邊膝蓋都有關節炎，划船是少數不會讓我的膝蓋不舒服的活動。使用划船機雖然是很好的全身運動，但很困難也很無趣，在划船機上的一分鐘感覺有十分鐘那麼久。

活動身體一直都是我的樂趣元素，在水中划船感覺是一種令人享受的運動，而不是在漆黑的健身房裡使用划船機。學習划船讓我感到有點膽怯，因為認真划的話其實非常激烈，但我想要試試看。

船屋的教練名叫布萊恩，有著紅潤的臉頰跟不怎麼樣的幽默感。我們先在屋內學習划船的基本技巧，這個房間裝了特別多的風扇，當一大群十八歲年輕人們活力充沛地搖動船槳，才不會有人因為缺氧而昏倒（前面說過這個運動其實很激烈），之後教練就建議我們可以下水了。

布萊恩協助我坐進船裡，他稱這艘船為「浴缸」，但船身比獨木舟還要更窄，讓我很懷疑他到底泡的是哪一種澡，然後他跳上另一艘破爛的浮船開在我旁邊，在我笨拙地操作比我的身體還長的船槳時給我指示。

斯庫爾基爾河的水源是費城的雨水跟一些來源不明的廢水，這種水質你應該不想在裡面游泳，但很快我就看見了大自然的奇蹟：在我用詭異的姿勢划了第一下船槳時，有條魚就在我的面前躍出水面，我當然也看到了一排小烏龜在木頭上曬太陽，背景是七十六號州際公路轟隆的車聲。

看到一整排的烏龜時我非常興奮，後來這更成了我和布萊恩之間的笑料，他時常用擴音器對我喊著「為了烏龜用力划」（在河中我們主要透過擴音器溝通，這讓我莫名地覺得好笑）。我也跟著他這麼說，甚至會開始把「小烏龜」這個詞變成三拍子的口號，用來在划船時打節奏，頭兩拍是復原和握槳，第三拍則是用力划；「小─烏─龜」、「小─烏─龜」，我一邊划槳一邊念著。

那個夏天每週四我都會騎腳踏車去上划船課，並且漸漸對划船越來越有信心，當我已經能夠輕鬆駕馭浴缸，布萊恩表示我準備好挑戰單人賽艇了。

如果你並不熟悉划船運動，這就像是從三輪車直接跳級去騎越野腳踏車一樣。大家可以看看自己的臀部寬度，不論你有多瘦，我可以保證賽艇的座位都比你的臀部更窄，它的座位窄到根本無法坐在船裡，只能在船的上方保持平衡。這種賽艇則是超級不穩，完全要靠雙槳平衡讓自己不要掉進河裡。

萬聖節那天早上，天氣異常溫暖，但有一些烏雲正在聚集，我和布萊恩互傳簡訊討論一陣子後，決定照常練習；原因是這很有可能是今年最後一次上課，再接下來河水就會變得太冷了。

騎著腳踏車前往船屋的路上漸漸開始起風，當我和布萊恩站在碼頭邊，船已經下水，天上的烏雲密佈看起來隨時就要下雨。

「你覺得呢？」他說。

「不知道，你覺得呢？」我說。

「如果你是那些小孩，」他指的是他擔任教練的高中划船隊，「我就會讓你下水。」

「好啊，我們走吧。」我說道，年紀不到我的一半的高中生竟然比我強壯，我的自尊莫名感到被冒犯。

我把船推離碼頭的那一瞬間就開始下雨了，由於雙槳太長難以迴轉，這時候我已經無法回頭。起風了，布萊恩看起來就像電視節目《漁人的搏鬥》（Deadliest Catch）裡的漁夫，拉起上衣的帽子、眼睛因為打在臉上的雨水瞇了起來。陣陣強風讓河水變得波濤洶湧，我絕對不能停止划槳，就像騎腳踏車一樣，小船在持續划動時是最穩固的。

這場雨讓原本無傷大雅的一個改變變得非常關鍵：我用的不是平時的那副船槳。一位教練將它們調整過後變得不太適合我，因此布萊恩幫我選了另外一副。我平時使用的槳有放置手指的凹槽和容易抓握的表面材質，這副槳的握把完全是光滑的，因為雨水開始變得難以抓穩。

「這副槳很滑！」我對著拖船裡的布萊恩大聲說道。

「因為它們很狡猾，」他也大聲對我說，但完全不好笑，「妳怎麼會拿這副槳？」

在我邊罵髒話一邊努力划船的同時，我才注意到一件出發前就該發現的事情：平常練習時都會有許多划船手超越我們（我總是被超越的那個），今天河裡整個空蕩蕩，我們是唯一下水划船的人。划船運動在費城如此盛行，這真的很不尋常，就像開上高速公路，才發現路上只有你這台車一樣不吉利。

這時我們正朝讓船逆流而上的隱形「水道」前進，在這裡通常會看到烏龜們，但今天早上一隻也沒有出現，因為烏龜不像我和布萊恩如此無知，烏龜顯得聰明多了。我一不小心朝烏龜的出沒地點大力前進，現在小船面臨了撞上河岸的危機，布萊恩用擴音器要我左手大力划，讓自己離開岸邊。

接下來發生的一切就像快轉的逐格動畫，當我伸手划槳，就發現大事不妙，我的右手是空的，整艘小艇正在往一邊傾覆。我很清楚接下來會發生什麼——我要掉進河裡了，現在不管做什麼都無法阻止翻船，我吸了口氣、閉上眼睛，祈禱事情不要變得太糟。

重新浮出水面後，我說的第一句話是「味道其實沒有想像中可怕」。這是真的，這條河常有浮屍，河水卻意外地沒有什麼臭味。我說的第二句話是「我覺得我會得到肝炎（我想講的是肺炎）」。布萊恩覺得破傷風還比較有可能。然後我又說「幫我拍張照片好傳給我先生」。於是我們家二〇一九年的節日賀卡上就用了這張照片，我抓著傾覆的小艇，手裡比個讚。

「怎麼會這樣？」我質問布萊恩，呼吸因為寒冷變得急促。

「妳放開船槳了，」他回答。我無法接受「放開」這種說法，好像這是我主動做出的決定一樣，顯然事實並非如此，而且這個濕滑的槳還是來自正在嘲笑我的划船教練。

但現在可不是吵架的時候，我還泡在水裡；「我該怎麼做？」我大喊，雙手緊緊抓著翻覆的小船。

「游過來。」

我用奇怪的姿勢游著蛙式，試圖沿著賽艇移動，但這比想像中更困難——河水很冷、賽艇非常長（超過九公尺），我身上還穿著濕掉的衣物。布萊恩幫助我爬上幾階階梯坐到浮船裡，並將它停在賽艇旁，把賽艇裡的水清掉，重新將它翻過來。

那天天氣特別溫暖，從河水出來之後我馬上就感覺好多了，我還以為掉進河裡就代表沒事了，這堂課會就此結束，然後駛回碼頭。

但布萊恩顯然不這麼想。「上船吧，」他說，手裡抓著浮船旁的小艇。

「確定嗎？」我問。

「是的，上船吧。」他回答，語氣非常堅定。

他幫助我重新坐回船上，我還是不敢相信賽艇竟然沒有再次翻覆，他遞給我兩隻槳後便把我推離浮船，接著在他的加油聲中，大雨依然下著，我盡責地喊著「小—烏—龜」，一路逆流而上划到平常調頭的地方，轉過彎後順流而下。

剛開始上課的時候，我跟布萊恩提到過我在搖擺舞課遇到那位奇怪的人，在跳舞的時候一直重複說著「這真好玩、這真好玩」的事。於是當我在雨中努力划著船要回到船屋，我和布萊恩輪流喊著新口號：「這真是有趣！」他大喊。

「好有趣！好有趣！」我也回應著，努力操控手中的槳。

奇妙的是：我真的在享受樂趣。我的褲子濕透貼在大腿上，雨水滴進眼睛裡，每划一下都擔心小艇是不是又要再次翻覆。但我並不會有立即的危險，當我問自己：「繼續划船的話，最糟的狀況會是什麼？」我的回答是「我會掉進河裡」，但這件事早就發生過了。雖然還是感到不舒服且有一點焦慮，我卻笑個不停。

這個體驗帶給我莫名的快樂，即使在一年過後，當我寫下這些過程，還是忍不住笑了出來。回到船屋時經理正焦急地等待著我們，我開心地宣布「我掉到河裡了！」我大可假裝沒有，雨下得那麼大，布萊恩和我一樣都全身濕透；沒錯，我的衣服濕掉了，對划船的自信心也受到打擊，但我同時也感覺自己又活了過來。

那時候我還沒想出關於樂趣的種種定義，但當我回想這個經驗，它絕對滿足了真正樂趣的三種要素。我們雖然沒有熟絡到成為彼此的朋友，但我和布萊恩維持輕鬆的關係，上課過程中累積的笑話寶庫成為支撐我們努力回到碼頭的精神糧食。划船的挑戰，當然包括避免翻船的渴望，讓我的身心都投入其中，當時的我毫無疑問進入了心流狀態——專注划著船，挑戰自己能力的極限（相信有人會覺得是超出我的能力範圍）。

我不會選擇再次掉進河裡，但我對這件事情的發生心存感激，這讓我又多了一個新的、還有些不舒服的，關於真正樂趣的回憶。我當然沒有得到肝炎，而且那天早上除了划船我還能做什麼呢，回覆更多郵件嗎？

記不記得我在前言提過，在生活中打造更多樂趣就像進行節食，只是你可以吃更多喜歡的食物？我們已經找到這些食物，也就是我們的樂趣磁鐵。理想的狀況下，現在每個人會有一份能帶給我們快樂的活動清單，或大或小，在空閒的時候就可以去做這些事情，也就是這個章節所要幫助你建立的東西。

掉進斯庫爾基爾河就是我追隨熱情所得到的成果，我們的下一個步驟便是「SPARK五技巧」（見第五章末）當中的「跟著熱情走」（Pursue Passions）——其實應該是「跟著熱情、興趣和嗜好走」。

「為了享樂而做」的真正意義

當我建議大家追求熱情、興趣和嗜好，我真正的意思是希望大家能「為了享受樂趣」去做更多嘗試；這些活動有時能帶給你真正的樂趣，有時則不會，但它們都是令人感到享受、滿足的事情，值得花費時間去做。

困難之處在於，如同許多與樂趣有關的問題，我們過度濫用「為了享樂」這種說法，使它幾乎失去意義。因此我們首先要做的，就是重新定義（並且重新找回）這個詞語。

簡而言之，我們應該只在形容那些真正令人享受、且包含一或多項樂趣要素的活動時，也就是有趣的靈魂、社交連結和心流狀態，才使用「為了享樂」這種說法。釐清定義之後，大家也比較不會不小心把閒暇時間浪費在讓我們心如死灰的事情上。

那些「為了享樂」而做的事

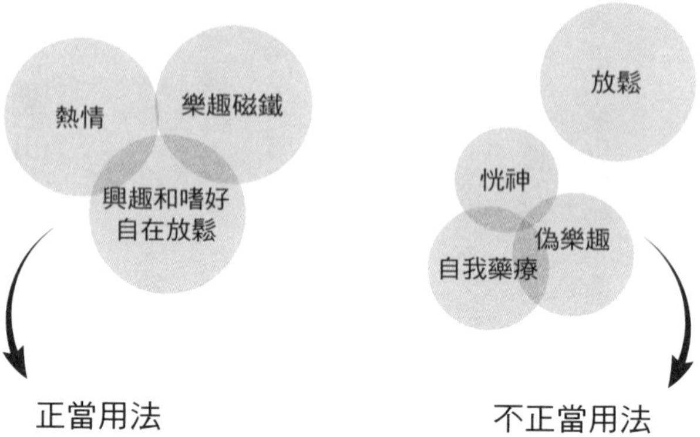

日常生活中我們會使用「為了享樂」來概括指稱所有工作以外的活動，無論是許多靜態、低能量的事情（例如使用社群媒體並不有趣，且使人疲憊），還是動態、充滿能量、帶來快樂，能產生真正樂趣的體驗（例如和最好的朋友週末出遊），或者只是和朋友講講電話，我們全都用同一種說法來稱呼它們。

在我看來，人們提到「為了享樂」時所指的事情包括七大種類，只有其中三類是真的符合這個說法的。

「為了享樂」這個詞的不正當用法，包括以下活動：

- 我們出於強迫行為去做，但其實並不享受、消耗身心且無法感到滿足的事情（好比負面瀏覽）；這些都是偽樂趣的來源，顯然不該稱之「為了享受樂趣」而做的事，因為它們一點也不有趣。
- 為了自我藥療而做的事情，例如狂看電視節目，盲目地滑手機，以及藥物或酒精成癮。
- 除了享受樂趣外另有目的的非工作活動（比方說你可能會使用社群媒體打發時間，或者追蹤最新的新聞報導）
- 完全為了放鬆和療癒所做的事情，例如睡午覺或者泡澡，它們雖然能使我們感到平靜、滋養心靈且十分享受（因此值得花時間去做），但嚴格來說並不能算是「為了享樂」而做的事情，因為它們並不包括有趣的靈魂、社交連結和心流狀態。

簡單說，如果一種活動並不能帶給你真正樂趣的三項要素（你的目的也不是為了陶醉其中），就不該說是為了「享受樂趣」而做。

反過來說，如果某種活動能讓你享受其中，並且能帶來有趣的靈魂、社交連結和心流狀態，那你就可以說這麼做是「為了享受樂趣」。

「為了享樂」這個詞的正當用法，包括以下活動：

- 真實的樂趣磁鐵，這些活動、場景和人物真的經常為你帶來樂趣，也明確屬於你為了「享受樂趣」花費時間去做的事情
- 「自在放鬆」是一個高度符合科學原理的詞語，由「自在」（chill out）和「放鬆」（relax）組合而成。雖然自在和放鬆都是一個人就可以達成的狀態，兩者互相結合時就多了社交的元素在其中，並且充滿趣味的能量（待在三溫暖叫做放鬆，待在酒吧才叫做自在放鬆）。在對的情境下自在放鬆可以讓我們享受社交連結和心流狀態，因而有可能觸及真正的樂趣，可以稱之為「為了享樂」所做的事情。
- 熱情、興趣和嗜好都是動態活動且可以帶來心流，獨自一人或和他人一起都可以進行，它們屬於「為了享樂」所做的事情，同時也是這個章節的主題。由於它們是動態的活動，有時也會是獨自一人，因此和自在放鬆不太一樣，自在放鬆的意思應該比較接近「花時間相處」（hang out）。

熱情、興趣和嗜好的定義

熱情、興趣和嗜好都是令人感到享受、能讓我們進入心流狀態的活動，這些事情對我們來說很有趣、很愉悅，即使付出不會獲得回報或者外在的肯定，我們也願意去做。有些時候它們可以帶來有趣的靈魂或者社交連結，但心流狀態是它們最大的共同點——正是因為熱情、興趣和嗜好總能讓我們進入心流，無論是否同時符合三種真正樂趣的要素，都可以認定為貨真價實的「為了享樂」而做的事。

一般來說興趣是我們喜歡學習的事情，嗜好則是我們喜歡去做的活動（比方說學習西班牙文是一種興趣，每週日早上閱讀西班牙文報紙則是一種嗜好）。

熱情和興趣與嗜好最大的差異則在於產生能量的多寡，雖然興趣和嗜好通常能帶給我們放鬆或愉悅的感覺，熱情則會使我們精力充沛，就像是馬力加到最大的興趣與嗜好（在人生的不同階段以及不同情境下，特定活動所產生的能量強度會不斷變化，這就是為什麼我們的某些興趣和嗜好會逐漸增長成為熱情所在，有些曾經熱衷的活動現在卻只能引起些微的興趣）。對某種活動的熱情越是強烈，就越會想要一探究竟，從中得到更多的快樂，也更容易和他人連結，並能夠感覺到真正地活著——進而可能成為為我們帶來真正樂趣的樂趣磁鐵。

然而這並不代表你應該只花時間在具有熱情的事情上（這樣的標準太高了！），或者因為自己「只有」興趣和嗜好而感到失望；任何能令你感覺生命的喜悅的事情都值得我們花時間去做，興趣和嗜好也都能幫助我們吸引更多真正的樂趣。

首先，熱情、興趣和嗜好都是我們自願從事的活動，因此都可以算是一種玩樂（如果變得太過嚴肅的話，雖然還是能帶來愉悅和成就感，卻不太可能產生真正的樂趣）。從事多種不同的休閒活動可以讓我們表現自身特質的不同面向，例如在日常生活的壓力下，通常較難展現的有趣的自己。

熱情、興趣和嗜好也有助於促進人際連結，不但可以穩固原有的關係，還能讓你遇見新的朋友和社群。最後，正如我先前提到，熱情、興趣和嗜好是由它們能否讓你進入心流來定義，光是這點就值得我們追求，因為越常有機會進入心流狀態，就越能感覺真正地活著。米哈伊．奇克森特米哈伊在他影響深遠、標題簡潔有力的著作《心流》中就是這麼說的，他在書中舉了西洋棋的例子，對不會下西洋棋的人來說，這不過就是一塊板子上面放著一些雕刻的木偶；但對於願意花費心力學習如何下棋的人而言，西洋棋盤代表著進入心流狀態的機會（以及有趣的靈魂和社交連結）。

換句話說，當你擁有越多的知識和技能，可以做的事情就越多。如果你學會說一種外語，就可以用一般觀光客難以做到的方式造訪新的景點、遇見不同的人；如果你學會烹飪，就可以在家舉辦晚餐派對；如果你願意投入拼字遊戲，就能進入文字愛好者的次文化世界中；如果你學會演奏一種樂器，就可以和他人一起創作音樂。事實上我的吉他就是一個最棒的實例：在我開始上課之前，它就只是一個佔據衣櫃空間的巨大雜物，現在卻成為了我有趣的靈魂、社交連結和心流狀態的來源。

個人活動的價值

即便你是一個人嘗試這些活動也是如此，事實上我非常推薦你嘗試培養個人的熱情、興趣和嗜好。原因很簡單，我們日常生活中的閒暇時間，好比上班午休、平日睡前的一個小時，常會在我們獨處的時候、很難取得自己的樂趣磁鐵、或者不方便和朋友相約的時候出現。這些正是我們最容易開始滑手機的時刻，並不是刻意要被動接收資訊浪費自己的時間，而是這項習慣太過輕鬆且容易取得，而且我們也不知道當下還能做些什麼。

擁有越多獨自從事的熱情、興趣和嗜好，而且投入的門檻越低，你就會擁有越多選擇，並能幫助自己成功戒斷一有空就想盯著螢幕的習性。這些休閒活動也許無法帶給你真正的樂趣，因為我們獨處時較難和他人產生連結，但它們很有可能比起你在手機上做的任何事情，更能令你感到享受和滿足，並讓你變得更加有趣、具有好奇心。

辨認並發現熱情、興趣和嗜好

熱情、興趣和嗜好的一大好處是他們很容易取得，例如你可以一早起床就立志今天要玩填字遊戲、要嘗試新食譜或要閱讀那本小說。熱情、興趣與嗜好是可以被安排在行事曆中的。這點和樂趣不太一樣。

但這並不代表追求熱情、興趣和嗜好就很簡單。對許多人來說大人的世界期待我們每天拼命工作，滿足自己和家人的基本需求，當我們終於有時間可以放鬆時，通常已經筋疲力盡，除了盯著螢幕以外完全做不了其他事情（或者盯著空白的牆壁）；我們甚至不記得從前還有時間、精力和自由的時候，自己喜歡從事哪些休閒活動（首先還要先想起擁有足夠能量和自由是什麼時候的事了）。

當我們進入不同的人生階段，可能也會越來越無法投入一些曾經享受的活動。例如二十幾歲時我最喜歡在週日下午和朋友去公園玩飛盤，再到他們家裡隨興一起烤肉，真是最棒的自在放鬆。這已經是二十年前的事了，如今我們都住在不同城市，也全都已經結婚生小孩，而我因為膝蓋的關節炎也玩不了飛盤了，真是可惜。

另外即使我們成功找到自己能「享受樂趣」的事情，清單上的許多活動可能都會需要時間、規劃和他人的參與（如果你有小孩，還要另外找個保姆）。舉例來說，你知道自己非常喜歡和大學室友一起去滑雪旅行，這絕對會是一種樂趣磁鐵，但卻不是可以隨興在週二夜晚進行的事情。

將這些因素全部加總起來，結果就是我們習慣將休閒時間都花在被動接收資訊上，從事看電視、滑手機或使用電腦等活動。因為被動接收資訊不需要經過事先安排，輕鬆又方便，考量到許多人總會感到內心疲憊不堪，輕鬆和方便時常就是我們最需要的。在漫長又忙碌的一天後，怎麼能責怪你只想窩在沙發上呢？

我不是在責怪你，也不是說被動消耗資訊就一定很無聊或浪費時間，人生無時無刻都要主動積極。適時放空是件好事，被動消耗也能幫助我們放鬆、逃避和發洩，但問題並不是來自被動消耗本身，而是當它成為我們的預設行為，我們就有麻煩了。

不幸的是，被動消耗已經成為我們最常見的休閒活動，大家壓力和過勞的程度如此之高，被動接收資訊又變得如此簡單，即使並不是當下想要或需要的，我們也會這麼做。

這並不是一個新議題，伯特蘭．羅素在一九三二年的文章《賦閒禮讚》中就已經指出，人們花費在工作上的心力，使他們參與動態休閒活動的能力變得低落。他寫道，「都市居民的休閒活動已經變成以被動的事情為主：看電影、看足球賽、聽廣播等等，這是由於大家主動投入的能量已經在工作中被消耗殆盡[163]」。

雖然不是一個新的問題，科技卻侵蝕了工作和家庭生活的界線，讓情況變得更糟。也就是說，當我們沒有被動消耗資訊時，通常就是在使用智慧型裝置繼續工作。想要讓情況改變、找回對休閒時間的控制權，就需要我們拓展自己的熱情、興趣和嗜好，並讓這些活動越容易投入越好，才有機會和螢幕裝置上那些輕鬆、被動的娛樂競爭。

小孩子們都很擅於找到自己的熱情、興趣和嗜好（還有樂趣磁鐵）。當我問我的女兒（她當時四歲）覺得什麼事情是有趣的，她大聲地說「踢踏舞！」然後開始在家中的餐廳裡踮著腳尖轉圈，眼睛閃閃發光，臉上掛著快樂的笑容。當我問朋友十一歲的女兒這個問題，她不假思索地馬上說出「烘焙、編織和足球」，而被問到原因時，她也直接回答「因為我喜歡做這些事情」。

如果你和這些孩子一樣總是有各種熱情、興趣和嗜好，那就太棒了：請花更多時間從事這些事情，但沒有的話也不必責備自己，許多成年人早已不記得投入令人享受、能照亮內心的活動是什麼感覺。

無論你是屬於哪個類別，我都建議你從檢視享樂日記和樂趣磁鐵清單開始著手，看看自己是否已經在做這些事情，只是還沒有把它們歸類到你的熱情、興趣和嗜好裡。

接著我建議你可以發想可能成為熱情、興趣和嗜好的新靈感，這非常重要，因為大人通常都有點古板，我們鼓勵孩子嘗試新事物，自己卻不願意這麼做。我們常會直接判斷自己並不喜歡某種活動，並且再也不去嘗試，然而就像年輕時會享受現在已經不喜歡的某些活動，我們先前不太享受（或者不感興趣）的事情也可能突然變成我們的熱情、興趣和嗜好，甚至是樂趣磁鐵。想要真正感覺活著，嘗試新事物絕對是關鍵。

說到嘗試新事物，新奇是非常強大的樂趣元素，嘗試新事物時常能為你提供樂趣。這是有原因的，許多兩性關係專家就建議為平淡生活所困的情侶，可以將平時的約會改成一起嘗試新的活動、課程或體驗。

你心裡可能已經有一些想嘗試的事情（我就是因此才去學划船的），是的話就太棒了！趕快制訂計劃付諸行動吧。如果沒有，有個做法是任意挑選兩到三項你的樂趣元素，將計時器設定五分鐘，然後盡可能想出多種結合這些元素的活動或課程。你也可以打給對你很了解的朋友，請他們幫忙一起腦力激盪想要嘗試的事情（你們也可以一起去做！），還可以在網路上搜尋附近的活動、聚會或課程，看看有沒有任何一種成功讓你心動。

我發現以下的句子填空也很有幫助：

- 我有興趣學習從事（　　　　　）活動
- 我有興趣了解關於（　　　　　）的事
- 我對（　　　　　）感到好奇
- 我想要嘗試（　　　　　）
- 我想在（　　　　　）上更加進步
- 或許有點蠢，但我很想要（　　　　　）
- 小時候我曾經很喜歡（　　　　　）

• 以前閒暇時間我會（　　　　　　），但現在沒空去做了
• 我一直說想要學習或去做（　　　　　　），但總是沒有時間
• 當我（　　　　　　）的時候我感覺自己真正地活著

我建議你可以將計時器設定十五分鐘，然後寫下所有想到的活動，盡可能一直寫到計時器響起為止。有些時候最有趣的點子會在已經寫完最初的想法後才浮現。我要再次強調，請不要評價自己的想法，不要把標準設得太高，沒有任何一個點子是太浮誇或太愚蠢的，任何能勾起你些微興趣或好奇心的事情都值得記錄下來。另外，也不必覺得你必須去做列出來的所有事情，我們並不是要用新的任務累壞自己，而是試著開放心胸、打破平時的思考習慣。

列出所有潛在的熱情、興趣和嗜好後，挑一個嘗試看看。無論你的選擇為何，也不一定要非常刺激，放手去做就對了。

嘗試之後的下一步就是進行評估，找到一項新的興趣或嗜好後，問問自己：是否有享受其中？是否成功激起你的好奇心？會想要再次嘗試嗎？如果這是一項體驗，注意過程中自己身體的感覺，不過就算它讓你緊張發抖也別輕易放棄，這些都是你正在踏出舒

適圈的表現，是件很棒的事情（也可能代表你討厭這件事情，如果是這樣的話，就改成做別的事吧）。

如果你努力嘗試過了，還是無法享受某件事情，絕對可以選擇不再繼續，這是「為了樂趣」所做的事情最棒的一點：如果你無法感受到樂趣，就不必再繼續下去！當你嘗試一種新活動，卻沒有得到好結果的話也別擔心：你又有時間和空間去做其他嘗試了。

只是嘴上說說的話這些事情看似都很容易，但事實上嘗試新事物有時非常困難，也會令我們感到害怕。在尋找新的熱情、興趣和嗜好時，常常會成為我們前進的阻礙。讓我們先花一點時間討論如何面對這種情況吧。

只對個人活動有興趣的話該怎麼做

如果你只是想要享受樂趣，從事個人活動完全不成問題：雖然你是獨自去做這些事情，它們也能讓你變得有趣、更有好奇心（還能讓你進入心流狀態）。但如果你想要獲得真正的樂趣，就必須找出一種方法讓自己擁有有趣的靈魂，以及更重要的是，與他人連結的感受。

有沒有什麼好方法？邀請他人一起加入就是了。舉個例子，假設你很喜歡閱讀，閱讀本身就是一件快樂的事情，閱讀也確實是我們獨處時也可以做的事情。然而如果你加入讀書會，或者更簡單的是，和朋友討論自己最近在讀什麼書，這就已經是一段可能產生真正樂趣的對話。

忙得無法做出新嘗試的話該怎麼辦

前面說過，我們的目標不是讓你的待辦清單變得更長，你可以在任何時刻很快地嘗試「為了享樂」所做的事，比方說那些你用來划手機的零碎時間——你甚至可以利用手機找到新的熱情、興趣跟嗜好，我知道我突然這麼說真的很詭異，但手機和行動裝置可以在很多方面協助我們進行這些活動，而不是單純消耗我們的時間。我很喜歡辨識植物，而我的植物辨識應用程式就是個很棒的例子。

如果那些能帶給你樂趣的活動，需要花費的時間太多，那你可以回到上個章節嘗試其他方法為自己清理出更多享受樂趣的空間。你也可以和身邊的人聊聊他們可以幫忙什麼，好減輕你的負擔，讓你不要那麼疲憊。

如果身邊的人就是你的阻礙該怎麼辦

當你和他人一起生活，且空閒的時間都待在一起，有時候很難找到自己的熱情、興趣和嗜好，久而久之自己原本喜歡的事情會漸漸被你們共同的休閒活動所取代。擁有共同興趣是很棒的事情，能讓人際關係更加健康且長壽，但找時間從事「只為了自己而做」的活動，也很重要。

上一章提到的《公平遊戲》一書的作者伊芙．羅德斯基把這樣的時間稱為「獨角獸空間」，指的是每個人在一段關係中為自己保留的時間，讓他們可以各自追求自己的熱情所在，她寫道：「無論你是誰、從事什麼職業，努力工作賺錢之餘每個人都需要一些時間和空間去投入能讓自己重新活過來的事情[164]。」

重要的是，獨角獸空間並不包含追蹤運動賽事或看電視這些被動接收資訊的活動。我們應該從事能讓自己變得有趣且具有好奇心（她也使用了這個說法）的那些動態活動來滋養我們的內心（如果你正在維持的是一段長期關係，這很有可能是你的另一半最初被你吸引的原因，對你而言可能也是如此）。所以，是時候追尋你的熱情了。

如果你有小孩要照顧，或許很難創造自己的獨角獸空間，因為你必須花很多時間在孩子身上，留給自己的時間就更少了。另外，「優先滿足自己的需要」在今日社會中常被認為是非常自私的事情。但我個人覺得這就像飛機上的安全廣播所說的：你必須先確定自己有足夠的氧氣，再去協助他人。

這可能會需要你和一起生活的人彼此協調，首先要讓他們也相信，捍衛自己的獨角獸空間是值得的，再來就是找出實際可行又不會讓彼此產生不滿的做法。也許可以強調對他們來說擁有獨角獸空間也同樣重要，並鼓勵他們嘗試看看，花一個月付諸行動記下這麼做對自己能量、心情和人際連結的影響。

如何克服困難，度過剛開始的挑戰

如同前面所談到的，花費時間培養熱情、興趣和嗜好的一個好處，就是它們能讓我們進入心流狀態。這樣全然享受且令人滿足的感覺本身就是一種回報。也就是說，越常進入心流狀態，我們就會越想體驗更多。

但是，進入心流狀態通常需要一定程度的技巧或能力，要培養這些並不容易。我們不太可能坐在鋼琴邊就突然會彈奏莫札特的音樂，一定會需要先度過剛開始挫折大於樂趣的階段——值得一提的是，熱情（passion）一詞的字根和耐心（patient）正好相同，被動（passive）也是，它們全都源自拉丁文中的受苦（suffer）。

這也是為什麼提出「心流」這個概念的心理學家米哈伊．奇克森特米哈伊建議大家，在剛開始從事一項新的活動時，先提供一些外在獎勵讓自己可以一直保有動力，等待進步到一定程度開始能進入心流時，就可以單純享受投入在這項活動中。舉例來說，如果一個小朋友抗拒上鋼琴課，提供一些獎勵鼓勵他認真練習，直到他的能力足以進入心流狀態。到了這個時候，彈奏鋼琴就會開始為他帶來滿足感，很有可能不須外在獎勵就會主動想要去做。

當你所嘗試的活動出現挑戰，或者開始產生挫折感時，不妨試試這個做法。假設你想學習一種外語，這週每一天你都花半小時學習新單字，可以給自己什麼樣的獎勵呢？

最終你將會到達一種不需依靠外在獎勵來產生動力的境界，例如當你的西班牙文足夠流利，閱讀報紙或者和他人對話就會變成愉快的事情，這時從事這項活動本身就會成為一種獎勵。但要做到這樣並不容易，因此許多人才會把閒暇時間都浪費在較輕鬆但沒什麼意義的事情上，例如不停滑手機。所以當你嘗試一種新的活動並面對困難與挑戰，深呼吸、告訴自己這種挫折感完全正常，然後採取奇克森特米哈伊的建議提供一些外在獎勵來讓自己好過一點，就像是把自己當成正在受訓的寵物狗，給自己一些點心吃吧。

擔心自己看起來像個笨蛋時該怎麼做

人們嘗試新事物時最大的挑戰就是恐懼，許多人非常害怕看起來或感覺很笨，或者去做被他人視為失敗的事情。研究玩樂的權威學者斯圖爾特・布朗便說：「對成年人來說最大的阻礙就是如果任由自己放開來玩樂，看起來會不體面或很愚蠢[165]。」

瑪格麗特・塔爾博特（Margaret Talbot）在一篇《紐約客雜誌》的文章中將這種感覺描述得非常傳神，她寫道：「步入中年後，有一種心情我完全不想再度體會，就是感覺自己像個門外漢[166]。」

我明白，大家都不喜歡會讓人丟臉的事情（嗯，到底有誰會喜歡？），但如果你是某項活動的新手，應該完全不需要感覺丟臉才對，因為一開始本來就不可能很厲害！這讓我想起讀過的一篇文章，作者成年後才開始上聲樂課，第一次表演後她問老師是否可以給她一些評語，那位老師面無表情地看著她說：「妳只是初學者，正在依妳自己的方式進步，有什麼好講評的[167]？」

作為初學者帶給你的應該要是自由，而非羞辱的感受，這也是一種勇敢的表現：當你成為一名初學者，就代表你正從零開始學習一件事情，確實會讓人感到有些害怕。但嘗試新事物是拓展熱情、興趣和嗜好唯一的方法，應該要是令人喜悅的，且能進一步成為真正樂趣的來源，我們都該學習擁抱這種的感受而不是逃避嘗試。

這並不代表初學者就永遠不會遭遇挫折，斯圖爾特．布朗便指出，「玩樂就是一種探索，意味著你將接觸自己從未到過的領域[168]」，但如果你完全不給自己摸索的機會，又該如何成長呢？如果小嬰兒因為害怕跌倒就不嘗試走路，會有什麼後果？

我在學習划船時想了很多。當我坐在船上時，常會失去平衡，覺得雙槳太長難以掌握，每划一下我就覺得自己快要掉進水裡了，生理和心理上的暈眩使我感到非常手足無措。這讓我想到我四歲大的女兒，這個世界的一切對她來說都是如此的陌生，她想必隨時都在面對這種感受卻依然繼續嘗試，所以我決定也要勇往直前（然後我就掉進河裡了，不過我成功活下來與你分享這則故事）。

除了害怕自己看起來很蠢，我們對於新事物的抗拒也來自一種信念：我們以為，每一件事情都應該有其目的或者可量化的成果。我們不理解，怎麼會有人純粹為了樂趣而去做某件事，甚至會在潛意識裡形成忌妒心態，希望自己也能像他們一樣自信又勇敢。

由於我們不敢加入他們的行列（可能也不知道該怎麼做），就開始批判他們，認定他們承擔的責任一定比我們少，或甚至覺得他們根本缺乏責任感，不負責任、自我放縱、享有特權，是不務正業的人。

批評別人就算了，我們還時常批評自己。這邊就要提到一項巨大的障礙：我們的完美主義，不只對於我們享受樂趣的能力有所影響，完美主義完全就是個大問題。

二〇一九年湯瑪斯·庫蘭（Thomas Curran）和安德魯·希爾（Andrew P. Hill）共同發表一篇研究報告，調查一九八九年到二〇一六年美國、英國、加拿大大學生具有完美主義傾向的比例[169]，並將完美主義定義為「對自我過高的標準以及過度嚴厲的自我評價」。這項研究發現，學生具有完美主義表現的比例不斷上升，兩位學者寫道「越來越多年輕人對自己有不切實際的期望，要求自己在課業成績、專業成就、長相外貌到擁有的物品都要高人一等；年輕人似乎內化了一種顯著的當代迷思，認為包括他們自身，所有事情都應該要是完美的」。這也難怪，畢竟有誰會把沒有剪輯修飾過的影片上傳到YouTube呢？

部分的完美主義來自於學者所稱「這個社會喜歡比較，以及隨之而來的分類、篩選和排名[170]」，無論原因為何，完美主義傾向比例的上升並不是件好事，如同希爾和庫蘭所指出的，「完美是個不可能達成的目標，執著於追求完美只會讓自己面對失敗和心理上的折磨，他們著迷於獲得他人認可，或者透過一次次完美的表現證明自身價值。這樣的人會反覆省思自己的不完美，檢討自己應該這麼做、那麼做才對，並因為自身的能力不足與價值低落而感受到強烈的焦慮，甚至是愧疚和恥辱」。

完美主義不只會讓你因為害怕失敗而不敢嘗試新事物，還可能傷害你的健康。研究證實完美主義者對於壓力和可能發生的失敗，比起非完美主義者，有更強烈的生理反應（例如血壓會上升更多），也比較容易產生焦慮、憂鬱、社交恐懼、厭食甚至自殺念頭等情形[171]。庫蘭和希爾就表示，「越來越多證據顯示，青少年族群罹患心理疾病的數量增加，很有可能是由於對自己的標準過高以及經常性自我懲罰所造成」，並推測完美主義疑似就是他們所說「青少年如傳染病般普遍的嚴重心理疾病」的罪魁禍首[172]。

希爾和庫蘭雖然是研究大學生具有完美主義傾向的比例，但我們成年人也能從中學習。第一點就是我們必須減少施加在孩子身上的壓力，從小就教導他們完美是一種不可能達成、或者不太健康的目標。另外，我們也應該更加接納自己，以成為孩子更好的榜樣，即使會讓自己感覺（或看起來）很笨，也不要害怕嘗試新事物。作為一個曾經的完美主義者，我知道這並不容易，但如果你想要讓生活中有更多樂趣，就必須試著這麼做。

擺脫完美主義的一個好方法是仔細檢視：如果某事沒有表現到無可挑剔，會發生什麼情況，然後持續這樣問自己，直到確信一切都會沒事（從船上掉到河裡之後我問自己「最糟的狀況是什麼？」，當時我就是在做這件事情，這也和親子專家對於如何面對害怕怪獸的孩子的建議雷同）。

還有：從小地方開始做起！當我們談到嘗試新事物，並不代表你就得做出驚天動地的舉動，加入專業舞團或者開始從事戲劇表演。只要找到任何一種能勾起你的興趣或好奇心的活動（或者你原本就喜歡但還不夠熟練的事情），在這週花一點時間嘗試就已經足夠。

正如瑪格麗特．塔爾博特在文章中所說的，「願意從事一件你不太擅長但非常喜歡的事情，或者沒有特定目的投入在學習新事物不完美的過程中，都是持之以恆的一種表現[173]」。

堅持下去吧，只要有機會就盡情培養熱情、興趣和嗜好，努力嘗試新事物。請記得這麼做並不代表輕浮或者不負責任，不務正業（dilettante）這個字其實源自義大利文的「使高興」；而「業餘的」（amateur）這個字也不是指能力不足，而是拉丁文中的「愛」。

第8章
吸引樂趣

為樂趣保留空間，而且找到我們的熱情、興趣和嗜好後，我們就準備好要進入SPARK的下個階段：吸引樂趣（Attract fun）。為何說是「吸引」？我們現在已經知道，真正的樂趣是無法勉強擁有的，以「獲得樂趣」為目的去做某件事，幾乎就保證了你無法享受到真正的樂趣。每次你參加一個陌生的聚會，主持人宣布現在大家要玩破冰遊戲時，那種讓人緊張胃痛的感覺，很熟悉嗎？我的天啊，如果有人提議玩比手畫腳的話更是有夠尷尬，這就是我們想要避免的狀況。

訣竅就在於不要太用力追求真正的樂趣，而是要成為能自然吸引樂趣的人，你的目標應該是像長得好看的陌生人一樣，無須開口就能吸引他人的目光。

我們都見過那些能自然吸引樂趣的人，那種只要出現在晚餐派對，大家就會玩得特別開心的朋友。他們渾身散發溫暖、好玩、自信的能量，你能感覺到他們對你的重視，大家也都喜歡和他們待在一起。

你可能從未想過的是，就算覺得自己很害羞內向，其實你也可以成為這樣的人。

以下是一些當我請樂趣小組成員描述他們身邊「有趣」的人，大家的回答中重複出現的特質：

- 她非常隨興
- 他們不會對自己太嚴苛
- 他們不怕做出愚蠢的表現
- 她不會害怕成爲初學者嘗試新的事物
- 他們不怕展現自己的脆弱
- 他對自己很有自信
- 他們會對小事心存感激，能在生活中找到快樂
- 她熱愛生命，對活著的每一天心存感激

許多人都提到有趣的人「面對任何事情都能保有笑容」，好奇心和開放的心態出現很多次，活在當下也是非常常見。「他們具有非常正面的態度，也很能讓自己感到開心」

一位成員這麼回答，另一位則是寫道「我的媽媽是個非常有趣的人，她有豐沛的想像力，不管在任何情況下都可以找到新奇有趣的事情，不會太在意別人對她的看法，也讓自己的生活充滿令她保持微笑的事物」。

很多關於有趣的人的描述，也包括他們為身邊的人帶來怎樣的感受，例如：

- 我從來不會覺得她在批判我
- 他們讓大家都有參與感
- 他很體貼他人的感受
- 她會和你一起開心
- 他能創造大家共享的美好回憶
- 和她在一起時總是有新的事情可以嘗試，她也讓這些活動都充滿樂趣
- 他們對他人很大方，眞心信任他人，而且非常坦誠
- 他總是願意花費時間和力氣，讓身邊的人感覺自己非常特別

閱讀這些關於「有趣」的人的敘述，我有兩個發現。第一，這些特質幾乎都不是先

天性的（例如，沒有人說金髮的人才有趣）。第二，雖然許多「有趣」的人確實是外向者，你並不需要非常外向才能成為「有趣的人」，你並不需要是團體的領導者或者成為社交圈的靈魂人物，才能讓身邊的人有參與感並感到舒服、創造共享的美好回憶、欣賞生活中的小事或者愛笑有自信。事實上很多大家提到的人格特質，例如體貼他人的感受，都是內向者與生俱來的能力*。

我們並不需要特殊基因或外向的個性才能成為「有趣」的人。這也意味著，並不是僅限某些人才擁有這些能力。相反地，許多讓人變得「有趣」的特質都是選擇、態度和習慣長時間累積的成果。更進一步地說，這就表示一個人「有趣的特質」並非天生命定，而是一種可以學習的技能。

讓我們來談談讓自己變得有趣的兩個方法，也就是培養樂趣心態和學習創造、辨認樂趣的遊樂場。

---

*這一點很重要，因為我們許多的人格特質，都大幅受到先天影響，並非完全在我們的掌控之下。塞利格曼在《邁向圓滿》一書當中就說，先天的根基會使有些人傾向悲傷、焦慮或憤怒，諮商師只能將這些情緒進行有限度的改造。（Seligman, Flourish, p. 51-52.）

幾種培養樂趣心態的方法

「有趣的人」和一般人最大的差別就在於態度的不同，他們不只會為自己的樂趣磁鐵（以及熱情、興趣和嗜好）保留時間，更以我所稱呼的「樂趣心態」從事這些活動，度過自己的生活。樂趣心態正如同其名稱，指的就是能幫助人們開放心胸、吸引樂趣的心態。而「樂趣心態」這個概念則是由史丹佛大學心理學教授卡蘿・杜威克（Carol Dweck）所提出的「成長心態」（growth mindset）延伸而來。

培養樂趣心態並不是要讓自己變得做作，或者強迫自己隨時都要開心、外向、搞笑，而是一種有意識地以能吸引樂趣的方式過生活的習慣，也可以說是刻意尋找能創造或感受幽默、愚蠢、有趣的靈魂、社交連結和心流狀態的機會。

1. **當個愛笑的人**　培養、散發樂趣心態的方法，就是留意且欣賞日常生活中的小小幽默。你無須成為喜劇演員，無須扮演丑角，你只需要開始留意這些有趣的時刻，並在他人說出來時表達自己的贊同。就像推特前執行長迪克・科斯特洛（Dick Costolo）所說的，「想要變得更幽默，最簡單的方法就是不要太刻意，只要在對的時機跟著笑就可以[174]」。

事實上當個愛笑的人是培養樂趣心態最有效的方法。我們都很喜歡待在能讓我們發笑的人身邊，越是笑口常開（並且容易發現好笑的事情），你就會越有魅力，能吸引其他人以及更多樂趣（而且顯而易見的是，你也會越常保持笑容，這能讓自己狀態更好）。

2. 請說「對，而且……」 另一個培養樂趣心態的方法是效法即興喜劇的精神，常說「對，而且……」。

即興喜劇是一種即興的現場喜劇表演，通常演員會請觀眾隨機喊出一個關鍵字或主題，並依此表演幽默的情境劇。即興喜劇的最高境界非常神奇，對演員和觀眾都能產生有趣的靈魂、社交連結和心流狀態。一場成功的即興喜劇讓人十分過癮，如果你的樂趣元素包含表演、隨性和不確定性，應該會很享受即興喜劇的現場表演。

我的樂趣元素並不包含表演，可是我曾在二十三歲時報名紐約良民幫派劇院（The Upright Citizen's Brigade）的即興喜劇課程，原因就是我想讓自己跳脫舒適圈。毫不意外地，週六早上的課程很快就成為我最害怕的時刻。課程最後大家上台表演那天，我的演出尷尬到來看的幾個朋友在演出結束後，直接把花束遞給我，勉強說了幾句稱讚我很勇敢的話，就把我帶去吃午餐了。從此我們再也不曾提起這件事情。

這堂課絕對是我人生難堪排名的前幾名，然而它讓我學會了一件足以影響我的人生的事情：「對，而且……」的哲學。

「對，而且……」是即興喜劇的基本架構，概念非常簡單，你和其他演員站在台上，當他們對你說了一句話或者提到某個情境，無論多麼瘋狂，你都要表示同意（也就是「對」的部分），並且以此為開頭進行即興發揮（「而且…」的部分）。舉例來說，如果有人說他的爸爸是聖誕老人，你不能回答「亂講，他才不是」（我表演的時候就犯了這類錯誤），而是要接受這個假設，接著加入新的內容將情節推進，只要保持結局開放並且依據題目發揮，不管說什麼都可以。

在著作《霸氣褲》（Bossypants）中，知名即興演員也是前《週六夜現場》（Saturday Night Live）班底蒂娜．費（Tina Fey）對即興喜劇有更棒的說明：「你必須附和其他演員提出的點子，並且加上自己的內容，假設我的開頭是『這裡真是熱到不行』，如果你只回答『對啊，……』，劇情就會停滯在這裡；但如果你回答『這裡是地獄，不然你想怎樣？』、『是的，蠟像們可要遭殃了』或者『就告訴你我們不該鑽進小狗的嘴巴裡』，表演就有了進展[175]」。

你不需要成為一名演員也能受益於「對，而且……」的哲學，這是真的。你可以利用它來強化你的樂趣心態，擁抱隨性並增強適應能力，就像英國喜劇演員麥克・邁爾斯（Mike Myers）所寫的，「即興喜劇不只是一種遊戲，更是一種生活態度」。

換句話說，就算我們不是演員也能充分運用「對，而且……」的原則，無論提議進行新的活動或者熱情追隨他人的想法，都能增加動力並吸引樂趣。當你越常說出「對，而且……」，就越能讓身邊的人感到舒服和自信，有越多玩樂的機會，也會越容易進入心流狀態，進而越常感受真正的樂趣。

3. **追尋荒謬** 蒂娜・費示範的回答，點出了擁有樂趣心態的另一項要素：懂得欣賞荒謬。荒謬的事情是不合邏輯而且有點可笑的，這也讓荒謬成了我們在目標導向的現實生活當中的庇護所。荒謬會使我們發笑，笑聲便能帶來樂趣；也就是說，當你注意、體驗、創造越多的荒謬，就越有可能獲得真正的樂趣。

方法之一是主動尋找「具有荒謬元素」的場合跟活動。例如有次我說服我丈夫和我一起參加水上有氧課。這項運動本身就有點滑稽，在教練奧爾加的帶領下又更加荒謬了，當天的學生除了我丈夫全部都是女生，她的溝通方式並不是告訴我們指令，而是發出又高又尖的叫聲。當她想要池中的大家進行下一個動作，就會用一種聽起來很像吉娃娃叫聲的聲音吸引我們注意。當她在示範最喜歡的動作時，也就是把球舉在一側、腿伸向另一側，奧爾加發出了一連串的叫聲，偶爾還夾雜讓空氣凝結的長音「喲……！」像是慘叫一樣在整座泳池裡迴盪。

更好笑的是，奧爾加要我們做的動作基本上是辦不到的。她把腳往前踢，手臂同時在身體兩側往前後甩，動作完美地打在音樂的拍點上。我試著跟上，但完全做不到，不只水的阻力讓我不可能動得像她一樣快（她站在岸邊示範），沒有實際游動也讓我很難擺動肢體，我一踢腳整個人就往後移動，手臂嘗試揮動時更是不斷失去平衡。

奧爾加才不管，她要我們兩腳一起踢，向兩側、向前、向兩側、向前。太快了！太快了！奧爾加！妳以為我們也是在岸上運動嗎？我感覺自己像是困在一缸果凍裡做有氧運動，我試著只動一隻腳，另一隻腳踩在池底保持平衡，才能跟上動作又不會讓頭浸到水裡。奧爾加馬上就發現了，她用兩隻手比成望遠鏡，以默劇的方式表示我看到了，兩隻腳抬起來，兩隻！她坐在凳子上示範著。

我並沒有為自己辯解的機會，一方面是我不會說那種尖叫的語言，而且奧爾加又朝著我們丟了許多彩色的小球，讓情況變得更加荒謬。一開始我以為它們是做腹部運動時那種加重過的藥球，但它們就只是空心的小球，對已經在池中運動的我們而言，把這些球丟到水裡毫無意義，但每當我們想把球壓到水裡就是另外一回事了，它們抵抗著不想沉入水中，就像我們在試圖溺斃某種小動物一樣掙扎著浮出水面。

不為所動的奧爾加要我們用大腿夾住彩色小球，雙腿往左右擺動，這根本不可能，小球們馬上就進行反抗，泳池裡開始有許多彩色的小球衝出池面，一個一個脫離我們的控制。

總之這整件事情都非常爆笑，但最荒謬的是我們對這堂課的反應，我和丈夫在收操時竟然不約而同想像自己成為職業水上芭蕾舞者。

「這真的很棒，你有看到我踢腿嗎？」我們走出游泳池時，他對我說著。

我們當然都沒有真的成為水上芭蕾舞者，但那天絕對是享受樂趣的一天，直到現在每當我們回想起這件荒謬的事情，還是會笑個不停。

我們四周都有許多這樣的機會，只需要留心注意，就可以找到它們。

4. **為生活增添樂趣三要素：有趣的靈魂、社交連結和心流狀態** 另一種培養樂趣心態的方法是時常問自己「我該怎麼為生活中的每件事情加點有趣的靈魂、社交連結或心流狀態？」，無論獨處或是和他人一起時都可以這麼做，答案也並非一定要有多驚人的成果。

樂趣小組的成員海倫就和我分享了發生在她生活中的實例，在讀完我寄給他們關於樂趣心態的信之後，她決定讓為自己倒茶這件事便得更有趣。

「我問自己，如何讓倒茶這件事變得有趣？於是我嘗試在倒茶時單腳站立，你知道嗎，結果還真的變更有趣了」她在信中寫道。

我想包括海倫在內，沒有人會猜到單腳站立倒茶竟然會成為她的樂趣，可是這樣展現了當我們帶著樂趣心態度過日常生活，就算只有微小的改變，短暫的體驗也能點亮我們的心情。

培養樂趣心態，為日常生活加點有趣的靈魂、社交連結和心流狀態，也能讓做家事等原本無趣的任務得以完成。這讓我想到電影《歡樂滿人間》（Mary Poppins）裡的歌曲《一匙糖》（A Spoonful of Sugar），主角瑪麗．包萍（Mary Poppins）煞有其事地唱著「所有必須完成的工作裡都有樂趣的元素存在，找到這些樂趣的話——啪！工作就變成了遊戲」。

在接下來的劇情中，瑪麗．包萍吹著口哨和鴿子合奏一邊變著魔術，如果彈指之間衣服就能自動摺好、還會自己跳進衣櫃抽屜裡，打掃房間當然會變得有趣許多。我並不是說清理貓砂也能變成提振心情的活動，但重點是只要我們願意認真培養樂趣心態，日常生活就會變得更加愉快。

5. **鍛鍊你的玩樂肌肉** 如果你還在思考要如何加強自己的樂趣心態，以下是一些具體且經過科學證實的練習。

比方說，你可以嘗試一篇二〇二〇年在《應用心理學：健康與福祉》（*Applied Psychology: Health and Wellbeing*）期刊發表的論文所提出的方法，關於是否有可能訓練自己擁有更有趣的心態。研究人員運用正向心理學中已證實能讓人產生更多正向思考、感受和行為的練習，嘗試激發受試者的玩心[176]。

第一項練習是正向心理學必做的「三件好事」練習（Three Good Things），但略加調整。經過實驗證明，連續六個月這麼做就可以增加幸福感並減輕憂鬱症狀[177]。

在原始的「三件好事」練習中，你需要連續七天、每天睡前花十分鐘寫下今日「最棒」的三個時刻，記錄時特別強調具體的細節[178]。

- 你做了什麼或說了什麼，他人做了什麼或說了什麼（如果身旁有人的話）

- 這件事情在當下帶給你什麼感受，現在回想起來帶給你什麼感受
- 是什麼因素成就了這個事件，也就是說，是什麼讓這個事件發生

這些好事可以很細微，例如「咖啡店店員記得我的名字」也可以算是一件，你只需記得除了寫下事件本身，也要思考這件事情為何發生，你在當中扮演什麼角色（例如：店員記得你的名字是因為上次來這間店時你主動和他們聊天）。練習的重點在於開始讓心態轉移，專注在生活中正面的事件，並了解你在這個故事中扮演什麼樣的角色。

研究人員也採用了另一種正向心理學的練習「用新的方法使用你的主要優勢」，經過研究證實這也會帶來類似的成效。

在這項練習中，你會先完成一項調查以找出你的「主要優勢」是什麼（也稱做「個人強項」（character strengths）），例如善良、領導、自律或希望，展現這些特質對你來說輕而易舉，它們也形塑了你的模樣[179]。

找到主要優勢後，就可以開始在生活中找機會多多發揮你的優勢，並記錄這麼做帶給你什麼感受（類似我們運用樂趣元素找出可以嘗試的新事物的練習）。比方說如果其中一項優勢是創意，也許可以每天晚上花一個小時投入在新的專案中。

在關於玩樂的實驗中，研究人員採用上述這些正向心理學的練習並將它們聚焦在玩樂上（再加上第三種，也就是連續一週，每晚計算當天做了多少善意的舉動）。受試者每天會寫下三件「好玩的事」，而非「好事」，以及有誰一同參與、有什麼感受。另一項練習則是讓受試者找尋玩樂的新方法，而不是尋找發揮主要優勢的新機會，例如「在辦公室做好玩的舉動[180]」（也會請受試者回顧一天當中發生多少次好玩的體驗）。

研究結果發現，經過一個禮拜，雖然每個人對玩樂的感受程度不同，只要投注心力「激發玩樂」確實是有可能做到的。此外，考量到實驗時間並不長（一週七天、每天五到十分鐘，這可能比你睡前滑手機的時間還要短），這樣的成效「頗為可觀[181]」。

6. 釋放玩樂訊號　培養樂趣心態的另一個方法是藉由釋放玩樂訊號，增加與他人的日常連結。例如小狗想要和另一隻小狗玩耍時（或者想要和你玩丟球時），牠的玩樂訊號便是趴下，會將前腳放低、屁股翹高、然後搖尾巴。人類的玩樂訊號則包括快速的眼神交流加上微笑，或者開啟話題的語言，甚至在暴風雪中諷刺地說句「今天天氣真好」也是。

行動裝置對我們的樂趣有很多影響，其中一個就是我們不再釋放玩樂訊號了，大家都在低頭滑手機。沒有訊號就沒有了玩樂的邀請，玩樂因此便無法發生，就連可能產生的社交連結通通都消失了。我在說的不只是重大的社交連結（如遇見未來的另一半），當我們低頭盯著手機，便失去了與陌生人互動的機會，這些看似毫無意義的互動其實可以減輕孤單寂寞的感受[182]。

一項實驗便證實了這一點，研究人員請兩位彼此不認識的學生進入一個空間不大的等待室，有的實驗情境是有些人帶手機，有些則是不帶手機。接著告知他們研究人員會遲到，必須等待十分鐘。隱藏式攝影機會記錄他們等待時的臉部表情，影像紀錄也會分析受試者多常對彼此微笑，笑容是否真誠，並在事後問他們等待時有什麼感受，以及有沒有和另一位學生互動。

研究報告的標題《智慧型手機讓陌生人對彼此微笑次數降低》（Smartphones reduce smiles between strangers）已經說明了結果。研究人員發現帶著手機的人較少對彼此微笑，笑容也比較沒有那麼真誠，時間長度更比沒有帶手機的人少了三成[183]。

「微笑是威力強大的社交潤滑劑」，該項研究的主任研究員科斯塔丁．庫什列夫（Kostadin Kushlev）對《大局雜誌》（Greater Good Magazine）這麼說[184]，「當有人向你微笑，這意味著他們歡迎你親近，研究的結果顯示，手機可能正在阻礙這項形成新的社交連結時非常重要的接觸行為」。

相較之下，從手機裡抬起頭來向他人釋放玩樂訊號，是尋求更多玩樂互動最棒的方式，並且可能為你的生活帶來更多愉悅和樂趣。

「即使稍縱即逝，玩樂訊號可以為我們帶來情緒上安全的連結。在日常生活隨機的互動中，真誠的讚美、關於天氣的對話、一則笑話或者具同理心的觀察都可以帶來情感上的交流，讓這個沮喪、可怕、孤單的世界變得欣欣向榮。」史杜爾・布朗在《玩樂》一書中寫道[185]。

7. **練習專注當下** 另一種培養樂趣心態並且成為更加「有趣」的人的方法很簡單，就是練習專注當下，無論是獨處或者和他人一起時皆是如此。事實上，這是自認內向害羞的人，想要變得更加「有趣」最簡單的方法。

主要有幾個原因，最基本的就是如果你沒有專注在當下，就不可能進入心流，因此無法享受樂趣。此外，獲得他人注意力的感受也很棒，尤其是在大家都這麼忙碌的今天，專注當下的人就是我們想要相處的對象。

全神貫注不只能讓他人更喜歡和你相處，訓練自己能夠專注在當下也會讓你的生活擁有更多樂趣和享受。確實，研究人員已經發現，分心就是影響心情狀態最大的負面因素之一，正如一篇論文所述，「人們缺乏專注力的傾向長期下來會對我們的幸福程度產生負面影響[186]」。另一篇研究報告的標題更是直白道出「分心的人就是不快樂的人[187]」，考量到我們時常是在心情低落時，為了提振精神才尋求這些令我們分心的事物，這些研究發現真的值得我們深思。

正如我們在為樂趣保留空間的段落所提到的，你可以藉由正念冥想或培養一次只做一件事情的習慣，來訓練自己更加專注在當下。你也可以藉由和他人相處時專注在對方身上來獲得更多樂趣，無論是家人、朋友或者陌生人，遇見另一個人類的時候不妨放下手機、抬起頭來、和對方眼神接觸並且微笑，讓對方知道在這個當下，他們擁有你全然的關注。在習慣分心的社會中這會是一份慷慨又強大的禮物，記得留意他們收到這份禮物時，有什麼反應。

8. **追尋愉悅** 我最喜歡的一種培養樂趣心態的方法，就是追尋愉悅。這個概念是我在大約一年前想到的，我朋友凡妮莎介紹了一本由詩人羅斯．蓋伊（Ross Gay）所著的《愉悅之書》（The Book of Delights）給我[188]，書中內容是蓋伊在一年之內每天寫下使他感到愉悅的事情的集成。

蓋伊描述那些令他感到愉悅的事情時，還會加上「愉悅！」的註記，這些事情包括：胡桃、濃縮咖啡、無花果樹枝、所有稱呼他「親愛的」的人、帶著一盆番茄上飛機時大家的反應，以及機場一名安檢人員把他的旅遊目的「去紐約去讀詩（read poems）」聽錯，對同事說「這個人要去紐約幫人看手相（read palms）！」。

蓋伊在書中寫道，「很快我就發現，堅持每天書寫為我建立了愉悅的雷達，也像是生成一種尋求愉悅的肌肉記憶。這就表示當你研究更多，又會有更多關於愉悅的事情可以學習……執行這項計畫的過程中，我感覺到生活更加充滿愉悅，雖然並不是從此就再也沒有悲傷、害怕、痛苦或失喪，但愉悅的感受比從前更多了。這一年下來我也了解到原來愉悅的感受是會增強的，就像愛和幸福一樣，與他人分享的話愉悅就會變得更多、更多。」

越是聚焦愉悅，就會找到更多的愉悅，這和我們在書中反覆談到的概念相互呼應：你的生活就是由你所在意的那些事情所構成。當我們練習讓自己追尋愉悅，找到日常裡的美好、善良和幽默荒謬，使我們發笑或覺得感激的事情，我們就會越來越正向。就像珍妮佛・艾克（Jennifer Aaker）和娜歐蜜・巴格多納斯（Naomi Bagdonas）在《幽默認真談》

（Humor, Seriously）書中所寫的，「當你帶著一抹微笑走在街上，就會驚訝地遇見許多令你笑得更開心的事[189]。」

另一方面，如果我們讓自己聚焦在失望、挫敗和悲傷，生活就會成為一連串失望、挫敗和悲傷的事件。告訴他人要「保持樂觀」真的很八股，但這麼做確實能帶來改變，每一個當下的反應最終都將會影響我們的人生。

這是一種能讓我們對事情的反應改變的具體方法，也是因為如此，感恩練習經過科學證實，對於提升幸福感非常有效。在我閱讀蓋伊的《愉悅之書》之前，從未聽過有人把這種方法應用在愉悅上，馬上就決定自己嘗試看看。

於是我和凡妮莎開始了我們的愉悅計畫，我也想邀請大家一起練習，當我們在生活中或周遭環境裡遇見令我們感到愉悅的事情，不論多麼微小，如同羅斯．蓋伊的做法，全都要將它們標示出來。請你伸出手指指向這個物品，或者如果是抽象的事情，就把手指指向空中，然後大聲且充滿熱情地宣布這就是「愉悅！」（大聲且充滿熱情的部分是關鍵，就算獨處時也要這麼做）。

例如我聽見了翅膀拍動的聲音，一隻腹部有斑點的棕色小鳥停在窗外的屋頂上，看了我一下然後飛走，這是愉悅！

一個潮濕的早晨，就連打字時鍵盤都變得濕黏，但有一台風扇在背後向我吹送涼爽的風，我的背感覺癢癢的，這是愉悅！

用我最喜歡的杯子喝咖啡，一邊吃著一碗新鮮的草莓，這是愉悅！

蓋伊說得沒錯，當你越是聚焦生活中愉悅的時刻，就會感受到更多愉悅；就像是調整收音機的頻道一樣，當你越是專注在愉悅的日常，就越容易找到它們，愉悅也就越有可能為你帶來樂趣（就算它們沒有成為樂趣，至少你感受到了愉悅，也是一段美好的時光）。

但我們在生活中常常沒有這樣做，許多人往往花費大量時間反省過去的錯誤、沉浸在焦慮的情緒中。聚焦負面的事情絕對不是提振心情的好方法，你不妨花一個小時做愉悅練習的相反舉動：當感受到負面的念頭或者壓力的情境，就把手指指向空中，宣告這是「焦慮！」（依情境不同，也可以是「恐懼！」或者「絕望的來源！」），之後再回來做愉悅練習，並留意這兩者有多大的不同。

聚焦愉悅也能讓你重新喚醒有趣的靈魂，藉此培養樂趣心態，找回兒時擅於享受樂趣的自己，帶領它找到長大成人的你。除此之外，你還會成為一個能創造愉悅的人，這會讓你對他人更有吸引力，也更加能夠吸引樂趣。

關於愉悅的概念最能打動我的是，與其他類似的練習相較，愉悅感覺更輕鬆且容易做到。愉悅的本質是一種對事物的感激之意，以精緻小巧的容器盛裝出現在我們面前，精緻小巧的容器本身就令人感到愉悅。所以，何樂而不為？

9. 品味美好時刻 對於愉悅的探討讓我想到一種叫做「品味」（savoring）的心理學技巧，也就是刻意聚焦並欣賞生活中正向的事情。芝加哥羅耀拉大學的社會心理學家佛瑞德．布萊恩特（Fred Bryant）在這個領域是享譽國際的學者，他對於品味的描述是「使某種體驗在心中快速移動……[190]」。當我們持續進行品味，不但能讓幸福的感受增強，還會讓關係更加穩固、激發創意、改善心理健康。

關於品味的幾項最有效技巧，其實和蓋伊追尋愉悅的練習非常相似。例如研究品味的學者就建議我們把注意力集中在正向體驗的當下，也就是讓自己置身快樂的時刻，現場進行品味。他們也建議可以覺察自己的感官有什麼感受，在心裡為想要品味的瞬間照張相。

正向心理學家也發現，投入他們所謂的「行為表現」（behavioral displays）對於進行品味很有幫助。行為表現指的是以非語言的肢體行為表達正向情緒，例如微笑，或者我提到的將手指指向空中、標記令人愉悅的事物也算一種[191]。研究品味的學者還發現，將自己的正向經驗告訴他人，也就是「強調」（capitalizing），具有進一步提振心情的效果。

新冠疫情期間每當我感覺亟需一些事物來幫助我維持正向的心態，就會嘗試進行愉悅版的品味練習。一開始只是我自己記錄那些愉悅的時刻，後來我把這件事情和朋友分享，接著將它加入樂趣小組的練習，最後我為訂閱我的「螢幕／生活平衡」電子報的讀者提供了為期一個月的「愉悅、十二月」挑戰。我開始收到陌生人的回覆，列出他們生活中愉悅的事物，以下是一些例子：

- 涼爽的秋日
- 細緻小盒子
- 讓我的孩子開心地笑
- 熱咖啡
- 超級脆的培根
- 熟透了的桃子
- 草地的霜如鑽石般閃爍
- 堆雪人
- 好吃的沙拉午餐

朋友們也開始傳標題為「愉悅！」的照片給我，例如一個朋友就和我分享一篇關於

「穿戴式睡袋」的文章（不只愉悅也很聰明），另一位則傳給我一系列早晨餵鳥的影片。後來一些聊天室群組因此形成，其中一個包括我、我的丈夫和幾位好友，大家平常很少見面，每隔幾天我就會看到手機裡有一些大家分享的愉悅時刻，像是我朋友史蒂夫小學時的自畫像，穿著紅色V領毛衣還戴著金項鍊；或是有人在網路上找到一九九二年六月六日Gap服飾店的播放清單，包含當天播放的所有歌曲（這項文物太精確了，令人感到愉悅又荒謬）；我的朋友娜妲麗和她的丈夫西蒙傳給我的影片裡，他們整齊劃一地跳著舞為她的姪子慶祝十歲生日——每當我看到這些，都會忍不住微笑。

簡而言之，一項好玩的嘗試最後變成了愉悅的具體來源，這讓我和我的朋友在疫情與新聞之外有了更多話題可以分享，我也藉此珍藏了一系列的愉悅時刻，每當需要提振心情時就可以再次回味（回味愉悅的體驗，被稱為是「正向情緒的時空旅行」，又是另一件經過實驗證明能改善情緒的事情）。

10. **朝樂趣前進** 你可能沒有感覺，但享受樂趣的機會四處皆有。另一種吸引樂趣並且磨練樂趣心態的方式，是更靈敏地發現那些已經存在的機會，並且讓自己處在容易產生樂趣的情境中（這個技巧，對於不喜歡規劃或舉辦活動的內向者非常實用）。換句話說，讓樂趣像海浪輕柔地打在你身上，或像一列火車朝你直衝而來，想要多浮誇的譬喻都行。

如果你知道自己每次在某位朋友的派對總是能享受樂趣，他們又剛好要舉辦派對，就去參加吧！如果你發現一個正在進行、感覺很有趣的活動，就將它列為優先事項！這聽起來再簡單不過了，但很多時候我們都太過忙碌，就算知道自己能夠享受這些活動，也會直接拒絕。

也就是說，你對自己的樂趣磁鐵和樂趣元素越了解，越積極培養樂趣心態，你就會越容易辨認哪些活動和機會可能為你帶來樂趣，值得投入心力參與。

我建議大家養成習慣，尋找那些你知道將會充滿趣味能量的場合，特別是覺得自己能量較低落的時候，和擁有好心情的他人相處情緒也會受到感染、變得愉悅，相信我們都有過心不甘情不願被朋友拉去做某件事，最後卻度過美好時光的經驗。

11. **勇於自我解嘲**　自我解嘲能讓你在踏出舒適圈、嘗試新事物時更有自信，這是自信和自我肯定非常明確的表現，同時也代表勇敢。這些特質在樂趣小組成員關於「有趣的人」的描述反覆出現，他們「不怕讓自己看起來很蠢」、「不怕成為初學者嘗試新事物」

也「不怕展現自己脆弱的一面」。

能夠自我解嘲，對某些人來說是與生俱來的特質，對另一些人來說則是需要特別學習的能力，但每個人都可以做到自我解嘲，它也值得我們花費心力嘗試。敢於嘲笑自己，是有趣的靈魂的一種表現方式，也代表著你對自己很有自信；這能讓你和你的不安劃清界線，使他人想要接近你，並且成功吸引樂趣。

打造樂趣遊樂場

開始培養樂趣心態後，吸引樂趣的下個步驟就是學習如何辨認和打造樂趣的遊樂場。請別擔心：我並不是在說那個有單槓可以玩的公園，而是一種有形或無形的架構，能夠促進真正樂趣三要素（有趣的靈魂、社交連結和心流狀態）的產生，並且讓人們知道在這裡可以卸下心防、輕鬆玩樂。

這樣的架構非常有幫助，因為正如學者米格爾．西卡特（Miguel Sicart）所說，「玩樂的條件是一定程度的設計、物質、情境、或者同時兼備，讓我們知道自己可以盡情玩樂，培養有趣的靈魂[192]」。設計優良的遊樂場正是如此：能吸引有趣的靈魂，提供明確的規範讓大家知道在這裡該做些什麼，還會阻擋自我批判或掃興的人等「反樂趣元素」，進而保護遊樂場中的參與者。

大家身邊其實充滿這樣的遊樂場，即使我們並未發現。就像荷蘭歷史學者約翰．赫伊津哈在《遊戲人》中解釋道，「運動場、牌桌、律師事務所、殿堂、舞台、大螢幕、網球場、法庭等等，這些都具有遊樂場的特質和功能，也就是禁止隨意進入、獨立、束縛、空虛，並有其特殊規範；就像是平凡世界裡即興的小劇場，為這場表演做出貢獻[193]」。

至於日常生活中遊樂場的案例，可以參考「釘住驢子尾巴」的捉弄人遊戲：由他人矇住你的眼睛，把你身體轉個幾圈後，給你一根釘子，你負責把釘子釘在紙驢子身上的假尾巴，同時旁邊還有一群人在嘲笑你的愚蠢。

就算是遊戲，這也依然奇怪，但是當我們在生日派對上這麼做，大家通常都不會有意見。我們都知道這個遊戲的目標，也都曉得應該怎麼玩，如果你願意讓他人矇住你的眼睛，給你一搓驢子尾巴，你已經就準備好要投入這個荒謬的遊戲中，而不會感到焦慮或愚蠢。這就代表你已經給了自己一張入場券。準備好要去做那些愚蠢的事了。

試著思考遊樂場的概念，就會發現它頻繁出現在不同情境中，遊戲和運動就是最明顯的例子，習俗和慶典也是。例如在婚禮上大家都知道現場會有晚餐、飲料、幾個喝醉的親戚上台致詞、跳舞一整晚。這些遊樂場的共同點就是，它們的架構都在引導我們該有怎樣的表現，同時又在過程中展現趣味。

樂趣小組中一名成員和我分享了一個特別有創意的遊樂場，為她帶來許多樂趣：她和朋友每年定期舉辦的「瘋狂『派』對大賽」，這是一場各種奇特口味的派大賽，例如在二〇一九年，摩卡奶油派在第一輪打敗香蕉奶油派成為八強選手，楓糖波本威士忌焦化奶油桃子派隨後則像一陣旋風席捲全場、贏得比賽。

這些活動包含樂趣遊樂場的所有要素。這場比賽本身具有明確的遊戲架構與規則，所有人都知道自己該做什麼、活動會如何進行。大家都是自願參加，如果具有強迫性質的話，遊樂場就不好玩了。

而「瘋狂『派』對大賽」的情境，也和我們的真實生活很不一樣。在這裡，如果針對「榛果可可醬 Oreo 口味派」進行一場慷慨激昂的演說，探討它對於全球森林砍伐的影響，那是一個可以受到肯定的行為。而對於外面的世界來說，這樣的演講就會非常奇怪。

這場活動的荒謬之處在於，將「派」視為值得認真辯論的主題，這件事也同樣增加了它的樂趣。

「瘋狂『派』對大賽」展現了上述這些遊樂場自相矛盾的性質。專業聚會召集人普里亞．帕克（Priya Parker）在她精彩的著作《聚會的藝術》（The Art of Gathering）中便寫道，「規則可以促使我們創造短暫的、想像的世界，比普通的聚會更為有趣[194]」。藉由制定架構，遊樂場可以創造更多即興發揮的空間；藉由劃定界線，創意便從中油然而生。簡而言之，擁有良好架構的遊樂場讓我們有機會暫時放開自己、享受樂趣，當這件事情發生，我們就會更有可能吸引樂趣。

1. 如何打造樂趣遊樂場

先前說過，想要感受這些遊樂場所產生的樂趣，最簡單的方法就是參與現有的遊樂，一些課程或者團體活動都是很好的開始。你在花時間參與的過程中已經享受到充足的樂趣，有時候甚至不必再自己從頭打造一個遊樂場。

如果你想舉辦聚會或者活動，嘗試打造一個新的遊樂場，第一步就是想清楚為什麼過去有那麼多活動和聚會，都令人覺得一點也不有趣。普里亞．帕克便說道：「許多人在籌辦聚會時都沒想清楚，自動依循古板的方法，還希望這場會議、研討會或者派對現場的氣氛會讓一切都變得順利。老掉牙的活動內容，會神奇地帶給大家令人驚豔的成果嗎？這根本是不可能成真的願望[195]。」

她表示，活動要辦得好，就需要真的花費心思建造架構（通常是隱形的），也需要主辦人擁有好奇心、動力和慷慨的精神，願意進行嘗試[196]。也就是說，唯有當主辦人為大家建造了樂趣遊樂場，活動才會圓滿成功。

充滿趣味的競賽和遊戲是打造樂趣遊樂場很棒的方式，但如果你並沒有打算籌辦自己的「瘋狂『派』對大賽」也別灰心：有好多其他的方式可以打造各種有趣的遊樂場。就像米格爾．西卡特在《玩樂很重要》（Play Matters）中所寫，「任何地方都可以成為遊樂場[197]」。

確實，享受樂趣的方式有很多，因此潛在的遊樂場也有非常多種類，你可以看看自己的樂趣磁鐵和樂趣元素，從中找尋真正能吸引你的靈感。

例如研究樂趣的專家史杜爾．布朗便大力推薦所有動態的活動，他很喜歡跳舞機，最適合樂趣元素當中有「身體活動」選項的人，而且音樂本身也是一種很棒的樂趣遊樂場。正如學者約翰．赫伊津哈寫道，「創作音樂這件事集結所有玩樂的元素：它可以重複進行，又對於時間和地點有很高的限制……可讓表演者和聽眾脫離日常生活，進入愉悅、平靜的境界中，就算是悲傷的音樂也成了高尚的享受[198]」。

對於那些樂趣元素當中有「智力刺激」選項的人，與人交談則很適合做為一種樂趣遊樂場：一段對話具有天然的架構（也就是開頭、中段和結尾），最有趣的部分通常包括開玩笑或者對主題即興發揮（就像是玩單槓一樣）；與他人談話也有一些大家默認的規則，例如有些話題是禁忌，我們絕對不會在一段對話的開頭詢問對方為何最近肥了一圈。另外，幾乎所有的聚會都需要我們與他人談話，也就代表如果你能找到方法在對話中加入趣味的架構，也就是將對話變成樂趣的遊樂場，就可以讓這些對話為你帶來更多樂趣。

若你不知道該如何開始，或者哪些遊樂場最適合你，那麼也不要太在意小細節，放手去嘗試就對了。我的朋友就和我分享一個她與丈夫所打造的樂趣遊樂場：他們邀請一些朋友來家裡進行一場非正式的品酒，所有的酒類都是來自同一產區；每位賓客都帶了一種不同的酒，以及一道酒類產地常見的菜餚，接著來賓在有趣的比賽中進行盲飲，看看誰能辨認出這幾瓶酒。最重要的是，現場沒有人是品酒專家，盲飲的猜測結果當然很差。然而他們的目的並不是成為侍酒師，而是享受樂趣，他們確實也做到了。

正如「瘋狂『派』對大賽」所展現的，成功的遊樂場可能會進化成為一項傳統，而傳統本身又可以形成更多吸引樂趣的遊樂場。例如我先生的同事舉辦了一場年度槌球派對，同事們穿著全白服裝，戴上好笑的帽子，在活動的最後還會頒獎。於是所有人都知道每年有一天早上大家會暫時放下專業形象，一起參與遊戲，幾次下來也開始瞭解彼此的特性，誰愛作弊、誰總是戴同一頂帽子——這讓所有人在事前和活動後有了可以開玩笑的話題（並由此形成對話的遊樂場）。大家聚在一起說垃圾話，現場還有搭配主題的雞尾酒，原本一次性的活動成了讓人們期待一整年的傳統。

傳統是一種特別強大的遊樂場，因為除了能在當下產生樂趣，也會由此建立「玩樂社群」，就像約翰·赫伊津哈所說的，「即使遊戲結束，產生的樂趣依然會留存下來[199]」。就像在槌球派對，這個遊樂場讓原本就互相認識的大家建立更強大的連結，至於我的吉他課則是讓一群陌生人建立了一個新的社群（算是一項迷你傳統，因為我們每週都會聚會）。

「當然，並不是玩玩彈珠或打打橋牌就能組成一個新的社團，但『雖然分開卻在一起』的感受是非常特殊的，那些脫離現實世界、抗拒世俗規範的共同體驗，即使在遊戲過後也會神奇地維持下去」，赫伊津哈表示[200]。

2. **選對場景和道具** 當我們在培養如何發現（以及創造）潛在樂趣遊樂場的能力時，我們也可以注意自己的四周環境，因為環境對我們的感受有強大的影響，特定的場景甚至會是某些人的樂趣磁鐵。不妨想像一下，樂迷在歌劇院裡的行為表現，和在主題樂園或者運動場上有多麼不同；以及待在開滿花朵的庭園中跟辦公室的狹小隔間裡，心情有多麼不同。

英格麗・費特爾・李（Ingrid Fetell Lee）在著作《快樂美學：用平凡事物創造非凡快樂》（*Joyful: The Surprising Power of Ordinary Things to Create Extraordinary Happiness*）中，探討了外在世界如何影響我們的情緒，以及為何特定物品可以帶給我們快樂的感受。她發現，當她問大家是什麼帶給他們快樂，特定事物會不斷在回答中出現，而這些事物並不是只能讓少數人獲得快樂，反而會使幾乎所有人都獲得快樂。例如彩虹、海灘球、游泳池和樹屋，還有熱氣球、色彩繽紛的聖代冰淇淋。

「每個人都會在我們所處的環境中尋找快樂，」她寫道：「但這個社會卻告訴我們要忽略這些快樂的訊息。如果我們重新喚醒尋找快樂的直覺，會發生什麼事？[201]」

一面閱讀樂趣小組成員關於真正樂趣的回憶時，我心中一直想起上面這段話。確實，我注意到許多場景都被一再提及，讓我不禁思考：這當中是否有更多值得我們深入探討的事情。舉例來說，許多人都有提到特定元素，包含水，非常多人提到的享樂時刻都包括游泳池、滑水道、雨、雪以及海灘；火似乎也總是能帶來樂趣，只要讓人們圍在營火邊，大家就能享受有趣的靈魂、社交連結和心流狀態。風和土出現的頻率較低，但它們還是有在小組成員的樂趣磁鐵中出現，例如放風箏、滑翔傘、露營和園藝。

英格麗還提到，特定物品可以為人們帶來樂趣。這表示雖然物質財富並不是通往樂趣的道路，可是若能在生活環境裡放置一些特定的物品，例如那些可以進行互動或激發樂趣的東西，那將是蠻值得的。這些道具可以幫助成年人找回懂得玩樂的自我，將環境打造為樂趣遊樂場。

有些產生樂趣的物品非常昂貴，例如優質廚具、高檔滑雪用具或新的腳踏車，但錢並非獲得樂趣的先決條件。我就使用了一個很簡單的工具，獲得非常多樂趣——把兩條細繩綁在兩根把手中間，它讓我可以吹出巨大的泡泡，我女兒很喜歡追著泡泡跑。另外，任何樂器都會是很好的工具，呼拉圈、草地遊戲和雪橇也都是。也請不要小看那些可以玩丟接球遊戲的物品，威力非常驚人[202]。

我是說真的。去年夏天我丈夫買了保麗龍球和水中呼拉圈放在大人泳池裡，我們發現來家裡游泳的朋友會自然地被這些道具吸引，開始隨機發明遊戲。事實上，去年夏天的一個有趣回憶，就是和朋友花一個下午從跳水台一次又一次跳進池中，試著一次抓住兩顆球。我丈夫終於成功的時候，其他人都舉起雙臂歡呼，彷彿他是完成高難度花式跳水動作似的。那真是充滿快樂的時光。

3. 保護你的樂趣遊樂場 打造（或找到）了自己的樂趣遊樂場之後，還有一項絕對必須完成的步驟，那就是保護你的樂趣遊樂場，不要受到潑冷水的人影響。

相信每個人或多或少都遇過這種人（或者你自己當過這種人），潑冷水的人就是那些不肯加入遊樂場，不肯依循規則玩遊戲的人。這種人可能會惡意破壞你的遊樂場（如果是這樣，請不要再邀請這個人了），但多數時候他們其實並非故意，只是對這個活動不感興趣，或者受到某種內在的不安全感影響，難以放開自我、投入遊戲。

問題就在於，無論是不是故意的，這都會讓在場其他人難以享受樂趣。

赫伊津哈解釋道，「潑冷水的人對於玩樂的世界會帶來很大的打擊，當這個人選擇退出遊戲，自我隔絕不和他人接觸，他會讓玩樂世界變得脆弱。這樣的人剝奪了玩樂的『幻想』（illusion）成分，這個詞語意義重大，代表的就是『在玩樂』（in-play）[203]」。

也就是說，潑冷水的人雖然不是故意摧毀大家的快樂，他們拒絕參與的舉動會讓其他人對於自己的投入感到「不自在」，而「不自在」就是樂趣最大的致命傷；當人們開始感到不自在，樂趣就會消失殆盡，你精心打造的遊樂場也會成為廢墟。

籌辦活動或建立樂趣遊樂園時，主動花心思讓賓客都能感到舒服、受到歡迎真的非常重要。我想你應該還記得，讓他人感到自在的能力也是樂趣小組提到「有趣的人」的其中一項特質。這就表示當我們在規畫舉辦聚會時，務必慎選邀請的對象。

換句話說，你不只應該特別邀請那些對你來說是樂趣磁鐵的人，也要思考哪些人可能會潑大家冷水，或者不太適合這項活動或這個團體，並考慮是否避免邀請它們。大家從小接受的教育告訴我們「多多益善」，但當你正在為了樂趣建造遊樂園，有些時候多未必好。事實上，保護你的聚會不受潑冷水的人影響，不要納入那些對正向能量沒有幫助的人，就是對其他賓客的尊重。

強調樂趣遊樂場的重要性，並不代表樂趣只會在這種特別設計過的場合出現，也不代表遊樂場一定要經過詳盡的規劃才能成功創造樂趣。很多時候樂趣也會發生在「不太有規劃」場合，而且很多人可能還會打從心底抗拒「精心打造」的樂趣。

想想你過去享受樂趣的經驗，你可能會驚訝地發現，很多事情其實都包含遊樂場的架構，「樂趣磁鐵」列表中的活動回想起來可能也不真的那麼鬆散或自然而然發生。其實不必執著，用力過度也會嚇跑潛在的樂趣，但了解遊樂場的概念，並且嘗試不同的方法創造、促進、參與充滿樂趣的活動，是一項能讓生活充滿更多樂趣的好工具。

這麼做也能讓你幫助他人享受樂趣。暢銷作家麥可．路易士便指出，「人們不想要生活變得無趣，甚至不願意加入無趣的對話，他們純粹就是不喜歡『沒有樂趣』的這份風險；如果你可以打造一種沒有人會感到害怕的環境，事情就會突然變得輕鬆、順利[204]」。換句話說，如果有人尷尬地站在樂趣無形或者有形的邊界上，或許不是因為他們不想享受樂趣，只是在等待你的一句邀請。

第9章
小小叛逆

隨時謹記自身責任的概念，長久以來都被過度強調。

——威廉．詹姆士（William James）《輕鬆福音》（The Gospel of Relaxation）[205]

當我閱讀樂趣小組所分享的關於真正樂趣的故事，我注意到很多體驗的內容都包括有點調皮的事情——那些違反常規的事情（可能非常輕微），這種小小的偏差帶來的樂趣，以及刻意以非預期、不正常或略為禁忌的方式行動。也就是說，他們做出了叛逆的舉動。以下是幾個例子：

我當時大約九歲，我和朋友時常在中午就離開學校，跑去公園裡吃午餐和爬樹。我們都聲稱父母准許我們回家吃午餐，但我不記得當時是騙了學校還是爸媽，或者兩者都有，但非常好玩。

我和幾個朋友住在明尼亞波利斯（Minneapolis）的公寓裡，我們當時大約二十二歲。有天晚上好熱，其中一個女生抓起塑膠洗衣籃，把一些亂七八糟的東西丟進去，然後叫我們也跟著這麼做，出門冒險。我不記得我們帶了哪些東西出門，但全部都非常不合邏輯，好像還有廚房的濾盆……後來我們跑去一個我很確定沒有開放的兒童泳池，帶著洗衣籃翻過柵欄，在池裡玩水，用洗衣籃做出各種怪異的動作。這件事情隨興發生，既愚蠢又違法，但是非常隨興好玩。

我三十幾歲的時候，連續好幾年邀請朋友在冬天到公園參加西雅圖的「國際早餐冰淇淋日」，眞的有人早餐吃冰淇淋，可以在網路上查到！我們聚集在海岸邊的野餐空間，裡面有一個石頭砌成的大火爐和很多桌子，升起了火並提供幾種不同口味的冰淇淋，有的口味傳統，有些新奇或甚至詭異，還有許多有趣的配料，以及熱可可、茶、咖啡、甜甜圈和培根（這些配冰淇淋都很好吃）。這項活動其實不太適合嚴寒的冬天，但正是如此才變得有趣，許多朋友都會來參加，如果沒有這麼做我們也許就不會見面，大家也很享受這種低調的墮落（吃冰淇淋當早餐，多麼瘋狂！），享受著通常不會一大早吃的冰淇淋，讓內在的小孩開心玩樂。

我最喜愛的一些節慶回憶都發生在我和丈夫沒有回家過節，一起去做別件事情。像是在營地搭帳篷露營，旁邊有一大群退休老人也在露營，他們應該覺得我們很窮，所以聖誕節隔天早上我們醒來時發現，他們留給我們不少食物和幾瓶廉價香檳。另一次我們則是站在大峽谷邊緣，吹著寒風迎接新年。

那年十一歲吧，我和一個朋友（她比我大一些）穿上道具箱裡的奇裝異服，舊帽子、緊身亮片褲、寬鬆的長褲……把頭髮編成辮子盤在頭上，然後把臉像默劇演員一樣塗成白色，在我家附近街道擺出奇怪的姿勢，由我姊姊負責照相。我們好像還跑去市區，光腳走在街上，好多人都在看我們，眞的是超級好玩！我覺得正是因爲我們突破限制，做了小女孩才會做的事情，這個體驗才會這麼有趣。

以上這些例子都說明了我們並不需要大幅度造反，不需要傷害自己或其他人，甚至讓自己被關進監獄。我指的是投入無傷大雅的小小叛逆，刻意突破你「平凡」的生活，為了樂趣做點不一樣的事情。

閱讀樂趣小組成員的故事之前，我也做過很多叛逆的事（而且很喜歡），我從未這樣看待過叛逆。看看玩樂的歷史就會發現，與叛逆有關的異常行為，經常與逃離「日常」的概念互相關聯。

玩樂本身也是叛逆的一種形式。研究玩樂的專家史杜爾．布朗就寫道：「玩樂的本質就是逃脫日常生活、打破正常形式，違反思想、行為和表現的規範[206]。」同樣地，約翰．赫伊津哈也寫道「玩樂不是我們『普通』、『真實』的生活，而是脫離日常進入暫時的空間，只為了玩樂去做某些事情[207]」。

這就表示，找到方法讓自己刻意叛逆，並經常這麼做，可能是一種我們在日常生活中可以找到有趣的靈魂的方式（也可以找到社交連結和心流狀態）。越是這麼做就越有可能享受真正的樂趣。

如果你是一個習慣循規蹈矩的成年人，這樣的想法可能會讓你感到緊張。違反常規？拋棄責任？只為了自己去做一件事情？這都讓我們感覺任性又不負責任，甚至有點瘋狂。

重點是：適度的不負責任和任性放縱（以及讓自己離開舒適圈）對我們非常有益，事實上這樣做對幸福有關鍵的影響。過多的責任會讓我們感到心情沉重，難以負荷；總是優先照顧他人的需求也會使自己產生憤怒和虛脫的感受。媒體人珍妮佛．塞尼爾（Jennifer Senior）在關於現代育兒的著作《只要快樂，不要玩樂》（All Joy and No Fun）中就指出，「每個人都希望能偶爾從成年的自己身上獲得釋放」。

她接著寫道：「我所指的不只是我們在生活中所扮演的各種角色，以及需要完成的各種任務（只要度個假或給自己倒杯酒，這個部分通常就都解決了），還有那些比起自己的身體，更專注在頭腦裡的思緒，對世界的運作太過了解以至於失去了好奇心，以及害怕無法被愛、遭受批評的自我[208]。」

他們所需要的，正是玩樂行為所能帶來的小小叛逆的解放。

叛逆這個詞的意思是反抗某事，可能稍嫌激烈，卻點出了一個關鍵：為了叛逆，我們需要先找到想要反抗的事情。例如如果你生長在裸體的文化裡，裸泳就不會是件叛逆的事，因為大家都是不穿衣服游泳，穿著泳衣游泳反而成了叛逆的舉動。脫離常規的感受，就是叛逆的樂趣來源。

如何在日常生活中加入叛逆的玩樂？第一個步驟就是找出自己喜歡哪一種叛逆的行為，就像每個人都有自己獨特的樂趣磁鐵和樂趣元素，我們也都會喜歡不同的叛逆形式。如果某件事情讓你感到非常不舒服，或是違背你的價值觀和樂趣元素——例如你最討厭事情失去控制——那麼「失控」就不是適合你的叛逆舉動。

接下來我們可以想想，有哪些事情是你可以反抗的，例如：

一成不變的日常習慣（habits and routines） 這是個很好的開始，這麼做能幫助你對抗所謂的「大人世界的黑暗秘密」，也就是「重複的日常，一成不變的行程、習俗和規範[209]」。反抗日常也能讓你更專注在當下，暫時逃離生活的責任，鼓勵你嘗試新事物。

這些都會讓你感覺真正地活著。一位樂趣小組的成員說，「樂趣讓我忘記外在世界，聚焦在眼前的當下，如果我度過了『有趣』的一天，通常表示那天我並沒有想東想西」。

固定不變的日常會使我們的生活容易一點，但也會讓事情都變得無趣。好比你的通勤時間，或是每週去超市採買的行程，你可能一次又一次走過同一個地方，根本不用思考，身體就會自己移動。這很有效率也非常方便。但當你進入這種「自動駕駛模式」，就不可能專心在當下——可能你走出家門後，最後坐在辦公桌前或站在超市貨架前，卻一點也不記得自己是怎麼抵達這裡的（如果你一路都在滑手機就更明顯了）。

用自動駕駛模式過生活不只會減少回憶的累積，也會讓時間感覺過得更快。威廉．詹姆士在一八九〇年所著的經典書籍《心理學原理》（*The Principles of Psychology*）中就提出：「人們度過的每一年，都會在不知不覺間將某些經驗轉化為例行公事，每一天、每一週漸漸變得模糊……一年就這樣空虛地度過了[210]。」（一針見血啊，威廉）

心理學家將這個現象稱為「解離」（dissociation）。科技成癮專家大衛．格林菲爾德說，長時間盯著螢幕是造成解離的一項重要原因，也就是當你從手機螢幕裡抬起頭來，想不通人生中的這四十五分鐘都跑去哪了的那種感受。詹姆士便表示，當你的生活充滿例行公事、日常習慣和被動消耗，記憶會形成模糊不清的連結，讓你無法辨認每一天的開始或結束。

反抗解離，以及讓時間慢下來最好的方式，就是專注在創造更多科學家所提出的「模組分離」（pattern separation），也就是能打破單調的事件。充滿新體驗和小小叛逆的生活就可以做到這一點：比起長而平緩的連結，你將獲得有如串滿彩色珠珠的項鍊的記憶，每一顆珠子都有機會成為約翰．赫伊津哈口中的「由回憶所保管的寶藏[211]」，這些珠子越是特殊，時間就感覺過得越慢。

有趣的是，「叛逆」有多少能力可以製造出模組分離，關鍵在於多巴胺，而多巴胺對於藥物及科技產品成癮濫用又非常關鍵，同時也對我們感受樂趣的能力有重大影響。新奇有趣的事能促使大腦分泌多巴胺，而叛逆時常包括嘗試新事物的舉動，也就是說叛逆本身也是多巴胺的刺激因子。

你已經知道多巴胺是大腦用來形成記憶，並標記一件事情值得重複執行的關鍵指標，多巴胺讓我們專注在當下，開啟感官並能更加深刻地體驗事物。這就表示每次我們拋棄常規，小小叛逆一下，並獲得微小的正向體驗時，回憶不僅會放大了過程的快樂，多巴胺的分泌還會讓大腦更加覺得嘗試新事物是值得重複進行的事情。這可以提升我們的自信，讓我們在未來更加勇於進行嘗試；換句話說，這是一種生物化學上的回饋循環，與一般焦慮及反思的回饋循環不同，會讓我們感覺更棒。

當然，受到太多叛逆刺激而分泌的多巴胺，則會讓人陷入危險的叛逆行為中，例如飆車或者嗑藥。多不一定總是好，但有意識地使用的話，我們將可以讓叛逆從例行公事中跳脫而出，激發多巴胺的正面效果，並在生活中加入更多新奇與樂趣。

該如何跳脫我們的習慣與常規呢？第一步就是為自己培養上一章節所探討過的樂趣心態，第二步就是審視你的生活，記下你會開啟自動駕駛模式的那些部分，然後每天問問自己可以如何讓例行公事變得不同。

你不需要做出驚天動地的改變，只要問自己一些簡單的問題就可以找到靈感。例如：為什麼總是開同一條路回家？為什麼每天總是做同一種運動，吃同樣的早餐？答案可能是，你就是喜歡天天做這件事。但也可能是，你根本沒想過其實可以做出改變，你向來就是仰賴自動模式而不自知。

除了刻意尋找方法打破生活常態，你的叛逆也可以是讓自己保有彈性，也就是大家所說那種慵懶或隨和的個性（我自己就完全不是這樣的人）。例如我的丈夫小時候很常打羽球，去年夏天他買了一組裝有彩色 LED 燈泡的羽毛球，只要擊球就會亮起來。有天晚上他拿出這些球，要我一起打一場，雖然我對於需要拿球拍的運動不是很在行，我還是決定接受邀約。後來的半個小時我們開心地打著羽毛球，光著腳在草地上奔跑，輪流將發亮的羽毛球打向夜空中，你知道嗎，這真是有趣！

對慣例（convention）叛逆 打破日常是很好的開始，但你可以反抗的事情遠遠不只如此。舉例來說，你可以對整體社會的慣例進行叛逆，就像我的祖母總會對我說，「如果有人跳下布魯克林大橋，你會跟著跳嗎？」許多人喜歡談論政治、追蹤運動比賽或看某些電視節目，不代表你也必須這麼做；每個人都在使用社群媒體，不代表你也要跟著使用。當個唱反調的人也是叛逆的一種，能讓你發揮充滿勇氣的創意，並且為你的生活清理出更多享受樂趣的空間。

傳統（tradition） 你也可以對傳統叛逆。傳統是建立連結的強大工具，可以拉近人與人之間的距離，而且當傳統包含玩樂的時候，更可以建立樂趣的框架和遊樂場。然而傳統有時也非常僵化，事實上這個詞是從「投降」（surrender）演變而來的。

你能夠主動選擇或創造傳統是最好的，有些事情更是天生就很適合成為傳統，但想要建立對你富有意義的傳統可能需要小小叛逆。例如我的朋友瑪麗就習慣不要在當天慶祝感恩節，因為傳統的慶祝行程對每個人都帶來很大的壓力，所以她和家人就決定要反抗這個傳統。

他們首先定義主要目標：全家人一起悠閒地享受感恩節假期。接著找出問題所在：二十四小時之內要為一大家子親友變出一桌豐盛大餐，既不輕鬆也難以享受。於是他們一起想出了解決方案：如果週五才慶祝感恩節呢？

這就是他們現在的做法，週三晚上不需匆忙準備，瑪麗和丈夫會喝一杯應景的雞尾酒然後先做一些前置作業，例如和孩子們一起烤派；週四則會睡到自然醒，花一整天悠閒地完成感恩節的準備工作；這天晚上不吃火雞而是訂港式點心外送；然後週五那天才邀請朋友和家人一起享用傳統的感恩節大餐。

這項新傳統中包含許多叛逆的成分，最明顯的就是選擇和大家在不同的日子慶祝，不只能更悠閒地完成準備，一群人一起叛逆還讓全家人關係更緊密，並且達到原先感恩節的終極目標——增進一家人的感情。這麼做產生了完全與玩樂相符的感受，用約翰．

赫伊津哈的原話來說就是「這是為了我們自己，不是為了『別人』[212]」。

另一項叛逆的元素也增加了更多樂趣，也就是將週四傳統的感恩節晚餐變成特別的港式點心。這又成為了一項新傳統，因為使他們與眾不同而再次加深了家人間的情感連結。這樣明確的特殊做法很重要：想想如果他們週四晚上只是隨便吃點前一天剩下的食物，那麼樂趣一定會少很多。

最後，選擇在不同的日子吃傳統的感恩節大餐也是有趣的叛逆，更顯示，在與平常不同的情境中做某件事情是會帶來樂趣的（也就是研究玩樂的學者米格爾．西卡特所謂的「成為有趣的人，就是讓原先『不是為了產生樂趣的情境』變得有趣[213]」），因此小孩子都很喜歡睡衣日、「吃早餐當晚餐」蔚為流行、七月慶祝聖誕節才會成為一件有趣的事。

信念（belief）　你可以對信念叛逆，甚至連自己的價值觀都可以反抗一下。不妨問問自己，為什麼相信某件事情，然後質疑它的真實性，這麼做可以讓你的心態改變，並激發靈感或開啟新的機會。

舉例來說，一位樂趣小組成員告訴我她原先認定「智力刺激」是她的樂趣元素，但當她質疑這項假設，叛逆地拒絕接受自己的信念，這卻帶給她全新的啟發。她原先將自己的行事曆填滿各種活動，像是聽講座就被她歸類為「有趣的」活動，但在反思之後其實只是成長的機會。她還是認為這麼做有其價值，不過只能滋養心靈，而非帶來快樂。就像她所說的，「過去幾年我將閒暇時間塞滿這類活動，一直都覺得疲憊不堪，我以為正在做我喜歡的事情因此感到沮喪，直到現在才找到真正的原因」。

在以上的案例中，反抗自己的信念讓她可以更加瞭解自己為什麼參與講座活動，以及從中學到了什麼；這又讓她對於規畫自己的時間變得更有想法，並在閒暇時間裡獲得更多樂趣。

正經八百的規範（formality） 你可以對莊重正式的束縛叛逆，這些規範當然有其目的，有些時候也是必要的事情。但正式也代表著僵化，有時候甚至會非常無聊。正式會使人與人之間的距離感增加，我們時常包裝自己以避免展現脆弱的一面，但正因脆弱我們才成為人類，而人性就是樂趣的來源。

對正式規範的叛逆，代表你對於真實的自己更加自在（也願意對他人展現真實的一面），某種程度上這也代表著對**完美主義（perfectionism）**的叛逆，能帶給我們自由自在的感覺，對健康更是很有幫助。你可以從那些需要包裝自己的社交場合開始。想想，當別人問你最近好嗎，你多常說實話？你曾經在社群媒體上傳展現你當下真實模樣的照片嗎，或者總是只呈現理想中的自己？並不是說我們需要拿掉生活中所有的濾鏡（你也不該花太多時間在社群媒體上分享所有事情），但對抗正式規範和完美主義，能讓你對於自己的真實面貌更加自在，進而讓他人更樂於接近你，並帶給你與人連結、更有自信的感受。

對於正式規範的叛逆也能幫助你減輕焦慮並應對高壓的狀況，例如在疫情期間我受邀為某個企業的員工活動進行一場線上講座，他們告訴我總共會有一千位全球各地的員工上線聆聽，但我在螢幕上沒辦法看到他們的畫面，觀眾不能開鏡頭，麥克風也會是關閉的。不僅如此，在這個神祕的平台上我甚至看不到自己的畫面，只能獨自對著電腦鏡頭上的綠色燈光說話。

更具有挑戰的是，我和丈夫在疫情期間幾乎都住在我父母家，他們也在我撰寫這本書時幫忙我照顧女兒；我睡在自己小時候的房間，這讓我有一種又回到青少年而非成熟大人的感受。屋內的裝修擺設並不是很適合作為線上會議的背景，我父親還可能會很大聲地打噴嚏（上次他打噴嚏，整間餐廳的人都嚇到），而我父母養的那條狗則根本就是有精神疾病，隨時可能打斷我的演講。

想到這些，我決定不讓自己受限於正式演講場合，假裝一切都像平時一樣正常，而我是個成熟的專業人士（我以前很少這麼覺得）；我會坦然接受目前生活中的一切都有點奇怪，並盡我所能不去思考要讓這場演講完美成功，而是讓它對我和觀眾都成為一個有趣的經驗。

介紹完專業的那一面後，我接著展示一頁簡報，條列出當下那個真實的我：

- 四十一歲
- 從三月起就住在爸媽家
- 和丈夫自己在家教育小孩
- 七個月沒剪頭髮了
- 嘗試在擺滿塑膠小狗玩偶的房間裡，找到合適的線上會議背景
- 下半身很有可能穿著睡褲

我在這場演講中也反抗了正式和完美主義，我對著看不到臉的觀眾說，我現在身上

的洋裝底下，穿著緊身內搭褲，準備等等晚餐前運動一下。後來我又因為在自己的講稿裡迷失感到有點慌張，於是乾脆把稿丟在一邊自由發揮（主辦單位後來寄給我的錄影檔中，我說「你們看看我，我連講稿都不看了！」，然後畫面上就看到許多紙張飛到地板上）。

雖然我不敢保證每個觀眾都認同我的作法，我也不敢說把講稿丟掉是個好選擇，這麼做絕對讓這件事情變得更加有趣了。反抗正式和完美主義，展現當下最真實的自己，這讓我感到更加自在，演講時也更放鬆，我覺得正是因為如此，我的演講才能吸引觀眾，或至少沒有那麼公式化。

成年人生（adulthood） 你可以對成年人的既定形象叛逆，如果你已經成為父母，這更是效果驚人的叛逆，因為有太多大人現在都只站在一邊看著小朋友自己玩耍。

你可以陪孩子一起玩耍，和他們一起跑進噴水池，跳上鞦韆，或者報名可以一起參加的課程。你也可以尋找能讓自己感覺像個孩子的體驗（正面的那種），例如我的朋友克麗絲蒂和她丈夫最近剛慶祝結婚週年，兩個人暫時放下孩子一起共度週末，到一個湖濱渡假村體驗滑水繩水上摩托車。克麗絲蒂告訴我，這是整趟旅行她最喜歡的部分，還傳給我看她漂在水上的照片，我很確定她看起來興高采烈，讓我一看到就想加入她。

做青少年的自己喜歡的事情（無害的那種），也是一種對成人世界的叛逆。其中一個方法就是注意自己的習慣，例如你會在開車時收聽新聞或播客節目，因為你是一個負責任的大人，大人們就是會做這件事情。但這是誰規定的呢？下次開車時不妨聽聽自己十六歲時喜歡的音樂，把音響轉到最大聲（甚至可以跟著唱）。

期待（expectation） 你可以對他人的期待叛逆，去做一些違背你的專業形象或者不像你的個性的事情，就像詩人惠特曼（Walt Whitman）在《自我之歌》（Song of Myself）所寫的：

我是否自相矛盾？
看來我確實是自相矛盾。
（因我是巨大的，擁有不同的面相。）

一個朋友告訴我，她認識一位語言學家，照理來說應該會討厭商業化的言情小說，結果這位語言學家「每個禮拜都看三到四本，完全打破對於一個女教授該讀什麼書的定義」。

責任與義務（responsibilities and obligations） 你可以對責任和義務叛逆，換句話說就是那些「你應該」，並去做一些自私自利的行為。

如果你和大多數人一樣，應該會對「去做一些自私自利的行為」這句話有點意見，這很合理，畢竟我們已經習慣了把自私視為惡習，而非美德。但究竟是為什麼呢？為什麼「為了自己做某件事情」會讓人感覺「我這樣做像是叛逆」，而不是「我值得這樣做」或者「這樣做會對我的心理健康很重要」？我覺得這樣的現象值得我們探討。畢竟如果不先把自己照顧好，就不可能照顧他人。

而且我也不是在慫恿你辭職或者拋家棄子（有些自私自利的表現具有毀滅性的後果），我在說的只是運用一些得來不易的閒暇時間來照顧自己。

有些事情可能需要金錢或者事前規劃，像是參加一直想要嘗試的課程，或者和最好的朋友週末一起去旅行。其他則是完全隨性的小事，像是晚餐只吃餅乾（這也是樂趣小組和我分享的），或者一個下午不用手機（大家認為彼此隨時都在使用手機，可以馬上回覆，因此放下手機的活動如出門散步，都成了小小的叛逆）。一開始可能很難說服自己花時間、精力和金錢做這些事情，但嘗試過後你將會對它持續的正面效果感到驚訝。

每次和朋友一起演奏音樂時我都會有這種感受，在美好的幾個小時裡我完全不需去想工作、小孩或者任何大人世界的責任，而只是單純為了自己的享受去做。這樣做，常常帶給我真正樂趣的三元素：有趣的靈魂、社交連結和心流狀態，還有逃離日常的感覺，並在接下來的一週我都會覺得輕飄飄的。這項固定的活動並沒有讓我變成懶惰的人，反而讓我成為更好的妻子、母親、工作者和朋友，以及一個相處起來非常令人享受的陌生人。

簡而言之，越是以叛逆的角度看待生活，就越有可能感受叛逆的樂趣。不妨問問自己：生活中有哪些可以小小叛逆的地方？是否有任何行為或信念，值得你重新加以思考？哪些例行公事可以改變，哪些傳統可以重新塑造？即使微小，是否有任何機會可以拋開正式儀文，放下完美主義，反抗社會期待，暫時逃離責任，重新與童年的自己連結？

如果覺得上述這些問題太強烈了，那麼可以改問自己，是否能為他人打造叛逆的體驗。可不可以和朋友或另一半放下工作，一個下午不接電話？如果你是家長，是否可能讓你或你的小孩做一次有趣又不會受傷的脫軌？許多樂趣小組的成員在描述真正享受樂趣的體驗時，都提到和爸媽特別的出遊故事，讓他們感覺自己正在「打破規則」；正因為小小叛逆，與日常生活有所不同，才讓這些回憶如此珍貴。

「打破規則」的體驗不需要太過戲劇化，甚至不需違反任何公共的「規範」。一位成員就提到，他最珍惜的回憶只是和爺爺不撐雨傘出門，刻意讓自己淋濕。與孩子一起所做的任何事情只要讓你看起來不像大人，都會為他們帶來樂趣，看見他們開心則會幫助你了解到對於家長和小孩來說，這樣的叛逆有多麼美好、多麼療癒而且重要。

像這樣小小叛逆的嘗試，能夠展現你的獨立與自主（雖然這樣聽起來有點矛盾），但大多數成年人卻很少這麼做（特別是「負責任」的人）。偶爾叛逆也能幫助你了解：身為盡責的大人、公民和父母並不需要讓自己痛苦不堪，就像華特·惠特曼在詩中所說的，我們擁有不同的面相，可以嚴肅又愚蠢、盡責又叛逆、成熟又幼稚；事實上，我們越是讓自己有趣的光芒閃耀，能量就越能感染身邊的人們。

第10章
堅持享樂

以樂趣為導向的生活像是一場練習，你不能僅僅試了一次就放手不管。這讓我想起方洙正在著作《用心休息：工作減量，效率更好》裡的一段話，他認為休息是任何能夠讓我們恢復能量或激發新靈感的事情，而且休息需要我們主動地去爭取，才能獲得。

方洙正寫道：「這個世界並不會主動將休息提供給我們，它從來就不是一樣禮物，也不會是在你完成其他任務後有空才做的事，想要獲得休息的話就要主動爭取。你需要抵抗忙碌的誘惑，空出時間休息並認真以待，將它保護好不被這個世界奪走[214]」。

樂趣也是同樣的道理。

我們在本書中已經探討過許多方法，可以為自己製造更多享受真正樂趣的機會，從辨別我們的「樂趣磁鐵」和「樂趣元素」，到為享樂保留空間、跟著熱情走、尋找吸引樂趣的方法，以及嘗試小小叛逆。現在我們來到了SPARK的最後一個步驟，也就是「堅持享樂」（Keep At It）。主要目標很簡單：我們要持之以恆，持續優先追尋樂趣，不受其他爭奪我們時間和注意力的事情影響，並且不只在明天、下週是如此，這輩子都要這麼做。

以下是一些具體做法的靈感。

以你的樂趣磁鐵為優先

我們在先前的練習中，經過了一番努力後才找到能為自己吸引樂趣的活動、場景和人物。現在不要讓你的努力白費；我們的閒暇時間有限，請以你的樂趣磁鐵為第一優先。

自組一個樂趣小組

樂趣小組指的就是那些可以和你一起享受樂趣的人，換句話說，他們就像是你的真人版樂趣磁鐵。你的生活中可能已經存在好幾個樂趣小組，例如一群高中朋友、有共同嗜好的人、或者你特別享受他的陪伴的那位同事。當你花越多時間和現有的樂趣小組相處，就會獲得越多樂趣。

你當然也可以為了找到享受樂趣的新方式打造新的團隊，成為充滿你的同類的樂趣小組。這類的樂趣小組就像是夢幻足球隊，只是隊上的不是明星運動員，而是和你一樣熱愛享受樂趣，追求有趣的靈魂、社交連結和心流狀態的人。

誰可以或應該加入你的樂趣小組，其實沒有任何規範，但你可以聚焦在你覺得「有趣」的人身上，還有願意和你一起探索如何獲得更多樂趣的人（這裡不歡迎潑冷水的人）。無論你們多麼親近，你都沒有義務要邀請所有人加入，也不一定要非常熟悉加入的每位成員（雖然如此，還是要仔細想想小組裡的成員會形成什麼樣的動態關係，好讓氣氛一直都能保有能量）。

新的樂趣小組可以只有你和一個朋友，最多則是可以有六個人——《聚會的藝術》作者普里亞．帕克表示，這個人數最能保持親密、較高等級的分享，還有她所描述的「透過說故事進行討論」，這些都會是吸引樂趣的好方法。我也建議你要求成員至少參與六個月以上，時間至少要這麼長才能看見改變，但又不至於造成大家的負擔（如果進行順利的話當然可以繼續下去）。

樂趣小組可以用目標和架構區分為兩大類：互相分享樂趣的體驗並支持彼此追求樂趣的聚會，和真正會一起碰面實做的聚會。

第一類的小組最適合成員們彼此住得比較遠，或者大家互相還不太熟（或者你覺得如果成員們更適合只是一起分享及腦力激盪，而非一起實地操作）。第一類的樂趣小組以兩個人為單位效果會非常好，也是住得很遠的親密好友維繫感情的好方法。我會建議第一類樂趣小組在一開始就將主要目標釐清、了解彼此為什麼加入小組，想從中得到什麼，並參考閱讀這本書所獲得的任何靈感，一起討論彼此對於樂趣的定義。接著可以進行「樂趣健檢」和「找到你的樂趣」兩個章節當中的練習（並且開始寫享樂日記），讓每個人都能找到他們的樂趣磁鐵和樂趣元素，此外在每次聚會或者線上會議中也要花一點時間討論彼此接下來想要嘗試什麼，讓大家在聚會結束後都有明確的計畫。

找出一個小組成員能夠固定碰面的時間（可以是實體或線上的聚會），每個月一到兩次，利用這個時間分享彼此的故事，討論新的點子。我建議你們可以制定簡單的規則，讓主題持續聚焦在享受樂趣上，例如禁止談論工作或政治等話題（請記得：你們是為了逃離日常生活來到這裡），你們也可以輪流負責不同工作，例如每次聚會大家輪流當主持人。

至於第二類，也就是一起碰面實做的樂趣小組，則是以住在附近的人或者擁有相似樂趣元素的人為主。開始的方式就和我前面的建議相同（互相認識、釐清目標、定義樂趣、辨別樂趣磁鐵和樂趣元素等等），同樣建立類似的聚會時程和聚會規定。接著，腦力激盪你們想要一起嘗試什麼活動（而且要是可行的），為了增加參與感並蒐集更多的靈感，可以讓每位成員提出幾個想法，最後從每個人的答案中各選出一項進行嘗試，接著就去執行吧！你可以讓一起嘗試新事物的聚會和單純聯絡感情的聚會（也就是自在放鬆）交替進行，但請放心地自由發揮，找到最適合你們的形式和節奏。

過程中如果遇到阻礙，不必太過驚訝，多數人並不那麼了解享受樂趣的重要（甚至不明白真正的樂趣和偽樂趣有什麼不同），也不像你現在已經對這個議題相當了解。如果這發生在你身上也不必灰心，同時請做好準備說服對方，或者先一起嘗試較為輕鬆的任務。

為樂趣制定計畫

我懂，我懂，為了享有樂趣，還要「制定計畫」？這聽起來一點也不有趣，說不定還會沒用，因為樂趣是抽象的感受，也帶有許多隨機的成分，但制定計畫其實非常重要。

首先，如果你沒有優先制定計畫，保護自己投入樂趣磁鐵、熱情、興趣、嗜好的機會，生活中的其他事情就會趁虛而入，把你的時間填滿。其次，「堅持享樂」的主要目標之一就是讓你的行事曆上永遠有值得期待的事情，至少每個禮拜都要有，每天都有的話就更棒了。你不僅會在未來享受這些樂趣體驗，期待享受樂趣也是心理學家所謂的「預期品味」（anticipatory savoring），令人感到愉悅而且能增加毅力、降低壓力[215]。擁有值得期待的事情，還會讓你在當下做事的時候更有效率（至少對我來說是如此，知道有個獎賞在盡頭等著我讓我更容易完成一項任務）。

如何確保自己永遠有值得期待的事情？將關於樂趣的嘗試寫在行事曆上。如何找到值得嘗試的事情？運用你的樂趣磁鐵、熱情、興趣和嗜好的清單來為自己創造樂趣。

微量樂趣

微量樂趣是日常生活那些微小、愉悅的體驗，卻可以帶給我們真正樂趣的三元素（有趣的靈魂、社交連結和心流狀態）。這些微小的體驗，也許完全符合真正樂趣的所有條件，也許並沒有，但它們讓我們感受到樂趣，且充滿能量，結束之後你會感覺精神飽滿。我建議大家在與樂趣相關的活動中，每週至少獲得一次微量樂趣，每天都有的話更好。

微量樂趣可以是隨機產生的，對我來說算是拉丁文「及時行樂」（carpe diem）的樂趣。例如你可以心血來潮決定在夏日午後開車兜風，放下車窗、把音響音量開到最大；或者在野餐墊上而非餐桌享用晚餐（很有樂趣的叛逆！）。這也是另一個應該減少雜訊的原因：越是專注在當下，包含有趣的靈魂、社交連結和心流狀態的微量樂趣就愈容易產生。

想要為微量樂趣制定計畫的話，可以瀏覽你的樂趣磁鐵清單，看看是否可以每週將一些活動加進你的行事曆中，我的吉他課聚會就是很好的例子，它是我每週都會參與的樂趣磁鐵。你每天也可以排定一段時間從事一項自己的熱情、興趣或嗜好（就算只是睡前十分鐘也可以），它們都是你會喜歡的活動，容易規劃又非常實際，因為你只是獨自進行，且不需要太長的時間。

獲得微量樂趣的另一個方式是刻意找尋玩樂的叛逆時刻（並將時間空下來），例如每週為自己保留一個時段，偷偷從辦公室溜去散步或者和朋友吃午餐。新奇有趣也很有幫助：有些人會因為定期嘗試新事物而感受到微量的樂趣。

你也可以藉由社交連結在生活中獲得微量樂趣，能不能嘗試每週規劃一場電話會議或和朋友的咖啡約會？或者和家人創造你們的例行公事，像是每週六早上一起去爬山？一開始可能會感到有壓力，但這麼做一定會有回報的，就像卡羅琳・亞當斯・米勒在《創造你的完美生活：終極生活指南》當中提到，「關係良好的家庭都有固定的玩樂時間[216]」。

樂趣增強劑

樂趣增強劑是規模更大的樂趣體驗，例如度假、年度聚會或活動，需要更多心力事先籌畫，但能帶給你大量的樂趣，讓能量維持更長的時間（我的一項樂趣加強劑就是參加搖擺舞夏令營，這項體驗很有趣，那五天值得我期待一整年）。理想的狀況下，我會建議每季至少能創造一次樂趣加強劑，讓自己永遠有值得期待的事情。

我們可以從生活中現有的樂趣加強劑著手，到新的地方旅行是否能增值你的樂趣存量？你所參加的營隊或聚會是否有帶給你快樂？有沒有任何傳統總是為你帶來許多樂趣，比方說每年和一群朋友定期相聚？將這些事情視為優先，接著檢視你的樂趣磁鐵和樂趣元素，看看是否可以獲得新的靈感。

投資樂趣

享受樂趣不一定要花大錢，許多樂趣也是可以免費獲得。就像瘋狂「派」對大賽的例子，享受樂趣需要創意，但花費則僅限於製作派的材料費。無論是微量樂趣或者樂趣加強劑，樂趣並不一定需要金錢花費。

話雖如此，有些時候為了創造享受樂趣的機會，尤其是那些樂趣加強劑，確實會需要一些花費。度假不會是免費的，舉辦聚會也會產生一些費用，這時候選擇樂趣就會需要放棄一些其他享受，例如最新的手機或療癒的購物行程；但這麼做絕對值得，**因為花費金錢創造體驗，特別是與他人一起的體驗，已經被科學一再證實，是比起花錢購買物質享受，更能大大增加幸福感的方法**[217]。

科羅拉多大學波德分校的神經科學家及心理學家里夫・范・波文（Leaf van Boven）研究了不同金額的花費對於創造幸福的成效。他推論，購買物質會造成人與人之間互相比較（例如誰有最貴的車或最大的電視），導致人與人之間變得疏離；但是特殊體驗則是會讓人們更加親近，它們「比起物質享受，是令人愉快的對話來源」，而且會帶給我們能維持更久的享受和滿足[218]。

說到投資，如果你需要選擇花錢購買物品或與他人連結，請選擇後者。同樣地，如果你只有有限的休閒時間，也請優先用來多和朋友相處。

善用科技

如同我先前提到，科技其實可以在很多方面加強有趣的靈魂、社交連結和心流狀態。例如許多人會組隊打電玩，從中獲得真正的樂趣。重點是，要確保使用科技的方式能夠促進你享受真正樂趣的三大要素，而且可以讓你更加投入在生活中，而非逃避。

另一件非常顯而易見，但我自己就很容易忘記的事情是：請把你的手機當成手機使用。我戒掉傳訊息和收信件之後，就開始像長輩那樣，沒有事先通知或明確的目的，就直接打電話給朋友。有時還會開擴音，一面散步一面開始打給朋友，直到有人接聽為止。

一開始這樣做難免會有點尷尬，隨興打給某人而且沒有事先通知，確實是有點沒禮貌，所以很少人真的會接我電話。在過去如果朋友沒有接電話，你可能會假設他們正在吃晚餐或出門辦事情，現在每個人都隨時帶著手機，如果沒有接聽的話並不是因為他們錯過了，而是刻意不接。

一開始難免會有點沮喪，但後來我就想通了，我的朋友和我一樣，在手機響起時都會感到些微的焦慮，我太久沒講電話導致一開始也會不太想接。後來漸漸有越多人開始接聽我的電話，也有越多朋友會打電話給我；到最後，講電話就變得隨興多了，很像是在街上巧遇朋友然後決定一起喝杯咖啡，而不是從數個月前就開始安排的晚餐派對。這兩者我都喜歡，但後者需要事先規劃而且較為正式，前者則隨性輕鬆，在大學和剛出社會的時候都是這樣的，只是大家年紀漸長有了家庭後就越來越少了。

注重螢幕和生活的平衡

科技雖然可以促進樂趣產生，「堅持享樂」的一大重點就是要和我們的螢幕保持界線。這並不容易，在未來當網路更加快速、更無遠弗屆後還會變得更難，我們也將會從拿在手中的裝置變成直接使用穿戴式裝置。

我很喜歡一種逃離科技陷阱的方法，就是每隔一段時間固定遠離科技裝置休息一陣子。我們家借用了常見的宗教傳統，在週五晚上到週六晚上的這一整天完全不看任何螢幕，也就是我之前提過的「手機安息日」，戒斷網路讓我們擁有空間和時間，去做那些能滋養我們身心的活動和傳統。

電影人蒂凡尼．斯萊恩（Tiffany Shlain）是這方面的高手，她和家人過去十多年來一直維持這樣的習俗，她女兒現在已經是青少年，也是在這樣的習慣中長大。在著作《24/6》

中她解釋他們的做法：每週五她和家人會製作很多猶太食物，邀請朋友來家裡吃晚餐（為求方便，每週菜餚是固定不變的）。到了週六大家則會花時間做平常沒空做的休閒活動，像是園藝、勞作、玩遊戲或爬山。等到下一週開始，重新打開手機時，每個人都已經充飽了電，並再次對科技所帶來的好處心存感激。

每當我和我丈夫進行手機安息日時，也會重複同樣的體驗：第一個晚上感受到強烈的渴望和焦慮，迫不及待想要查看手機，大腦進入慢速運作的狀態（我發現放一疊紙在手邊以記錄任何大腦突然產生的想法或待辦事項很有幫助）。隔天早上醒來後時間彷彿慢了下來，到了中午使用手機的渴望變成了放鬆的感覺，就像是真的放下我們不知道卻一直扛在肩上的重擔；週六下午時我們通常都非常享受這種自由，甚至不想再次打開手機。

許多人告訴我，他們的手機安息日體驗和我們非常相似。事實上，Google 也在一篇名為《JOMO：錯失的喜悅和斷網的自由》（Toward JOMO: The Joy of Missing Out and the Freedom of Disconnecting）的研究報告提出了相同的結論[219]。這項研究發現，當人們剛開始和手機分離時會先經歷渴望和焦慮，如果這並非他們主動的選擇更是嚴重（比方說出門忘了帶手機），但當人們「逐漸接受」之後，「反而會享受暫時不使用手機的時間」。

繼續寫享樂日記

你並不需要每天都寫，但持續記錄那些包含有趣的靈魂、社交連結和心流狀態的體驗會是一個很好的方式，幫助你繼續以樂趣為第一優先，紀錄你的成長，並且找到新的樂趣磁鐵。

打造樂趣工具箱

除了持續記錄享樂日記，我也建議你可以打造一個「樂趣工具箱」（Fun Toolkit）：透過收集一系列的想法、提示和紀念品，讓你可以隨時尋找靈感或興奮劑。

這個工具箱不拘形式，可以是一個記在心裡的清單，或者是一張紙，但我個人比較建議打造一個實體的箱子。這個做法的靈感是來自我女兒在幼稚園班上做的「友情工具箱」，裡面放了眼鏡、麥克風等工具，讓小朋友可以用來建立或恢復友情（成年人這麼做或許也會很有幫助）。

如果你喜歡這個點子，可以先找一個盒子（或是櫃子、箱子，或是某種藝術容器），接著收集工具，放進創造、體驗、以及品味有趣的靈魂、社交連結和心流狀態的那些時刻。

舉例來說：工具箱裡可以包含你的享樂日記，可能是一個裝滿紙片的玻璃罐，上面記錄了那些愉悅的時刻；或者是度過有趣時光的紀念品，像是剪貼簿、相簿、票根或其他值得紀念的物品，只要是未來你想要品味的那些回憶都可以裝進去。

你也可以在一個提袋中裝滿能讓你想起熱情、興趣和嗜好的物品或書籍，或者是一些你知道自己會享受有趣的靈魂、社交連結和心流狀態的活動物品。你也可以放進能帶來樂趣的實體物品，例如飛盤或桌遊，還有跳舞的歌單，或是能讓你想起樂趣小組成員的東西。還可以為自己和朋友、家人紀錄「享樂清單」：想去的國家、想參加的場合、想嘗試的活動；或者放進一系列讓你感到開心的賀卡，經常做出善良的舉動經過證實是提振心情的好方法（誰會不喜歡收到朋友的手寫卡片呢？）。你的提袋同樣可以裝進雨天的活動，或者過去樂趣體驗的相框，每隔幾個月在家中輪流展示（看見這些照片能令你感到愉悅，如果這樣的感覺消失了，就可以再換一批新照片）。

無論你決定裝進什麼物品，都要經常更新你的樂趣工具箱；每當你感到沮喪，或者想要提振心情時，這個工具箱就可以派上用場。

努力爭取樂趣

聽起來有點矛盾，但有些時候享受樂趣真的需要付出一點努力，畢竟假期和派對不會自動發生，保母不會主動來上班，行李當然也不會自己收好。

考量到真正的樂趣非常善變，爭取它的時候又需要付出不少努力，又不保證努力過後就一定可以體驗到真正的樂趣，再加上我們的大腦期待「付出就要獲得立即的回饋和持續不斷的多巴胺刺激」，這些都讓我們更有可能放棄先前的努力，重新躺回沙發上。

可是，如果想要真正地感覺活著，就千萬別這麼做。

研究玩樂的學者史杜爾．布朗就寫道，「許多足以改變人生的玩樂都不是純粹的樂趣」，如果只從事容易產生輕鬆樂趣的活動，「你就等於是在欺騙自己[220]」。

同時我也要強調，有些努力會是心理層面的任務：你可能需要持續說服生活中的其他人，告訴他們樂趣值得我們投資；或者和自己合作，讓焦慮降到最低，並改掉負面的自我批判。這些挑戰可能是最困難的，但也是最有價值的。

但是千萬別讓樂趣變成工作

優先追尋樂趣、創造感受樂趣的機會雖然需要付出不少努力，千萬不要讓它們變得像是你的工作，否則對樂趣的追求很容易就會成為需要完成的回家作業。

一個樂趣小組成員就寫道，「當我嘗試為樂趣保留空間或制定計畫，就會因為太過投入而感到焦慮，於是它又變成了我的另一個待辦事項，最後便產生了厭惡的感覺」。

這就是為什麼拋開將樂趣量化或不停追蹤的念頭非常重要，就跟大家計算每天走路的步數一樣，如同艾希莉．威蘭斯在《時間的智慧》一書中的說明，「當我們『追蹤』休閒活動，就會變得超級注重效率，無法好好享受，擔心花掉的休閒時間就是少賺的薪水[221]」。適當的自我監測確實可以讓我們對情況更加清楚，所以我才會建議大家持續記錄享樂日記，但請不要過度監測，追尋樂趣就是為了享受生活，而不是拿高分、得星星。

對自己寬容一點

於是就到了我的最後一項建議：請對自己寬容一點。

千萬不要過分苛求自己。就算照著這本書中的每一個建議嘗試並且做完所有練習，生活也不可能每天都充滿樂趣。不可能有人是時時刻刻都在享受樂趣的，我們都有高低起伏的情緒，有時甚至連早上起床都是一種挑戰；接受自己的現況很重要，認可進行順利的那些部分，給自己一點獎勵吧。

有些時候你會有能量和靈感創造新的享受樂趣的機會，有些時候則沒有。沒有靈感的時候，不妨減少創造樂趣的念頭，並且聚焦在單純保持開放的心態，看看有趣的靈魂、社交連結和心流狀態會不會恰好發生（或許還會注意到一些愉悅的感受）。

當你「堅持享樂」，可能會發現許多日常生活中的有趣的靈魂、社交連結和心流狀態渺小到難以留下深刻的記憶，接著你會開始懷疑它們是否真的重要。請放心，它們真的很重要。我們無法讓時間停止，所以這些渺小瞬間也會流逝，但它們在消失前會讓我們更有生氣、更有能量（這點就與其他消耗我們時間的事情不同）。所以比起「強度」，我們更應該追求「豐富」，讓生活中充滿許多微小的瞬間，而這些瞬間充滿了有趣的靈魂、社交連結和心流狀態，多到讓你無法全部記住。有什麼比這種狀態更棒呢？

最後值得提醒的是，就算在最理想的狀況下，打造充滿樂趣的生活也並非馬上見效，然而隨著時間的累積，我們的生活終將迎來盛放。這就像種植物：為種子提供陽光和水分，保護它們不受掠食者和雜草摧殘，只要你願意持續努力，有天就會發現自己生活在一座花園裡。

結語
FUN的力量

用不同的方法做一件事情，所有事情都會跟著開始改變
——麥特．海格（Matt Haig）《午夜圖書館》（*The Midnight Library*）

在新冠疫情期間，獲得有趣的靈魂、社交連結和心流狀態的機會都變得更少，我的焦慮程度幾乎來到人生中的最高點。

但奇怪的是，從某些方面來看這也成了最好的時機，讓我保持清醒、理智，得以轉移注意力、釐清優先事項、強化對於「樂趣」的信念並且將想法付諸實行。

將樂趣拆解為有趣的靈魂、社交連結和心流狀態讓我了解到，還是有一些方法可以為生活注入一絲絲的樂趣。無論發現愉悅、打電話給朋友、從事當下可能做到的熱情、興趣和嗜好，我發現對於製造生活中的樂趣擁有更多掌控權，就算在艱難的時刻也是如此。

越是找尋有趣的靈魂、社交連結和心流狀態，我就越常發現自己處在這三種狀態中。練習吉他時我發現自己進入心流狀態，在戶外散步看見雲朵、植物和大樹時也是；和朋友講電話或者只是和戴著口罩的陌生人眼神接觸都是一種社交連結；當我和丈夫去未曾去過的地方爬山時我們都感受到新奇有趣的靈魂。我甚至發現自己意外在許多時刻找到真正的樂趣，像是和女兒一起做科學計畫、和團員一起演出錄製生日影片、或者在一個溫暖的春日跟我的丈夫和女兒搖下車窗，唱著經典電影《真善美》（The Sound of Music）的歌曲《Do-Re-Mi》。

許多體驗都不是特別強烈或讓人印象深刻，不曉得一個月、甚至一年後我是否還會記得；然而當我充滿感激並專注在這些微量的樂趣中，它們的效果就會積少成多。這些充滿樂趣的事情使我感到精力充沛，把我帶離情緒的深淵，也告訴我一件重要的事情，相信你現在應該也已經非常清楚：隨時隨地在我們的身邊都有感受真正樂趣的機會，或至少會有有趣的靈魂、社交連結或者心流狀態；每個人都有發現、體驗、創造這些感受的能力，當我們這麼做，就會更加感覺真正地活著。

或許有一句話能夠概括一切：我們的生活就是由那些我們所關注的事情組成。這是真的，每個短暫的決定加總起來就成為我們的人生，我也經常提醒自己這件事情。

我學到的是，如果我們的目標是在每一天、乃至整個人生，成為愉快且有意義的存在，了解我們的注意力有多重要只是第一步。接下來我們必須回答啟發我寫出這本書的問題：你想專注在什麼事情上？如果我們的注意力是一盞聚光燈，範圍清晰且狹窄，就像生命給了我們無數標的卻只有有限的時間，你想把燈光照在哪裡？

這個問題很簡單，涵義卻非常深遠。任何時刻都有無數事物在競爭我們的注意力，不只是我們的行動裝置所帶來的外在干擾，也包括大腦中不斷生成的想法和情緒：我們的焦慮、執著、慾望、自我批判、不安全感，還有夢想、希望和恐懼。

人類天生就比較容易關注負面的事情，就像是在眺望遠方是否有潛在的危險。當我們遭遇的危險是真實且具體的，這樣的生存策略對我們就很有幫助；然而現今許多我們認定的威脅都是情緒上的抽象感受，這種特質便開始會讓我們受到傷害，提高罹患壓力相關疾病的機率，這項為延長存活時間而出現的機制反而容易讓我們的壽命變短。

這也會影響我們的生命體驗：比起享受、延續順利的事情，我們花費在糾正錯誤、尋找問題的時間多出太多了（你有認識任何人會因為生活中的一切都很順利，而去做心理諮商嗎？）。問問自己沉思過去或品嚐當下，你較受何者吸引？你花在檢討問題的時間比慶祝成就多出多少？投入在責任義務的心力又比創造可能產生樂趣的機會多出多少？

我們並不是不注重正向的事情，我們非常在乎。大家都想要生活充滿意義、滿足和喜悅，但我們卻不知道該如何達成目標，而且這些感受都是抽象的標的，並沒有明確的路徑可以依循。因此，我們就把時間都花在追逐、努力、競爭，剛做完一件事情就已經在想下一個目標，我們就像專注前方路況的司機，身邊的景物快速掠過、一片模糊。我們聆聽關於成功的演講和播客，閱讀關於生產力的書籍並在手機安裝控管使用時間的應用程式；我們追求永無止盡的自我精進，忙著解決我們所謂的問題，希望總有一天可以過得快樂。

但人類並不是有待解決的問題，而是想要活得精彩的生命。活著這件事不會在把信箱的信全部處理完、在社群媒體上吵贏某人或終於成功升遷後突然開始，它無時無刻都在發生，現在就是我們活著的這一刻。

決定在這個片刻要做什麼事情，就如同在回答我們當下最關注的是什麼事情。當我決定我的回答是「樂趣」，這為我的生活帶來天翻地覆的改變，我非常建議大家也試試看你的回答會帶來什麼樣的結果。

關於樂趣有一點很諷刺，就是人們都以為，會帶來美好感覺的事情，一定都是浮誇的（畢竟天下沒有白吃的午餐）。但這樣的感覺或許也可以意味著，樂趣本身也是一件很棒的事，而且我們不該將樂趣歸類為不必要的自我放縱，反而應該將它加入過得幸福和健康的條件。

想想那些在當下讓我們感覺很棒，長期下來又能讓我們過得更好的事情，我想很難找到比有趣的靈魂、社交連結和心流狀態更加強大的要素了。最令人滿足的關係、最高的成就、最大的熱情、最難忘的回憶，它們或多或少都包括這三種真正樂趣的要素。當我們的基本需求得到滿足，樂趣可以幫助我們提升到馬斯洛理論中更高層次的需求，也就是畫著人類發揮潛能的不同條件，著名的金字塔圖形，這些階層包括愛、親密關係、歸屬感、尊重等等。

我認為這麼說一點也不誇張，如果所有人都能優先追求有趣的靈魂、社交連結和心流狀態，累積的成效將足以改變世界。想像如果人民、領導者、律師等等，大家都專注在能讓我們相互連結，而非漸行漸遠，會發生什麼事情；想像如果我們對於艱難情況的回應方式是以有趣的心靈化解衝突，而非本能地攻擊他人或築牆自保，情況會變得多麼不同；

想像如果每個人都有充分的機會體驗心流狀態，我們將能學習、創造、成就多少事情。

這並不是一場思想實驗，你現在就可以開始行動。留意愉悅的感受，跟著好奇心走，嘗試新的熱情、興趣和嗜好，為喜歡的活動保留空間，花時間和能帶給你良好感受的人相處，每天都為了享受樂趣採取實際行動——並非大家濫用的那種說法，而是我們在書中的定義：能讓你重新活過來的事情。找尋創造有趣的靈魂、社交連結和心流狀態的機會，彷彿你非這麼做不可，因為它們就是如此重要。

樂趣並不是人類文明繁榮的成果，而是原因。樂趣鼓勵人們更加認真生活，滋養我們使我們精力充沛；樂趣也讓我們團結一心，提醒我們來自何處、想去哪裡。將這一切加總起來，我的女兒說得一點也沒錯：真正的樂趣就像陽光。最純粹的樂趣就像是提煉了生命的能量，我們越是沉浸其中，生命將會盛放地更加燦爛。

註釋

1. *Humor, Seriously*, p. 234
2. I. C. McManus and Adrian Furnham, "'Fun, Fun, Fun': Types of Fun, Attitudes to Fun, and their Relation to Personality and Biographical Factors," *Psychology*, 1: (August 2010) 160.
3. "Definition of FUN," Lexico.com and Oxford University Press, accessed July 17, 2020.
4. Katia Hetter, "50 fun things to do in the fall (take your pick)," *CNN*, September 22, 2020.
5. Lisa Millbrand, "33 Fun Things You Can Still Do This Fall (Even During a Pandemic)," *Real Simple*, August 18, 2020.
6. Johan Huizinga, *Homo Ludens* (Mansfield Center, CT: Martino Fine Books, 2014), p. 3.
7. Bruce C. Daniels, *Puritans at Play: Leisure and Recreation in Colonial New England* (New York: St. Martin's Griffin, 1995), p. xiii.
8. Harry T. Reis, Stephanie C. O'Keefe & Richard D. Lane, "Fun is more fun when others are involved," *The Journal of Positive Psychology* 12, no. 6 (August 16, 2016): 547-557.
9. I. C. McManus and Adrian Furnham, "'Fun, Fun, Fun': Types of Fun, Attitudes to Fun, and their Relation to Personality and Biographical Factors," *Psychology*, 1: (August 2010).
10. Adrienne Lindbald, Stacy Jardine & Michael R. Kolber, "Putting the *fun* in fungi: toenail onychomycosis," *Can Fam Physician* 65, no. 12 (December 2019): 900.
11. The fact that I launched the #FunSquad in the midst of the SARS-CoV-2 pandemic (late summer of 2020) made these responses particularly poignant.
12. https://www.youtube.com/watch?v=J54k7WrbfMg
13. Maria Popova, "Simone Weil on Attention and Grace," *Brain Pickings*, August 19, 2015.
14. Tom Vanderbilt, Beginners: *The Joy and Transformative Power of Lifelong Learning* (New York: Knopf, 2021), pp. 11-12.
15. For example: Lucy Dwyer, "When Anxiety Hits at School," *The Atlantic*, October 3, 2014. Linda Flanagan, "Why Are So Many Teen Athletes Struggling With Depression?" The Atlantic, April 17, 2019.
16. For more on play (both human and animal), see: Stuart Brown (with Christopher Vaughan), *Play: How it Shapes the Brain, Opens the Imagination, and Invigorates the Soul* (New York: Avery, 2010). Gordon M. Burghardt, "The Genesis of Animal Play: Testing the Limits," *The MIT Press* (2006).
17. Celeste Headlee, *Do Nothing: How to Break Away from Overworking, Overdoing and Underliving* (New York: Harmony Books, 2020), p. 20.
18. Celeste Headlee, *Do Nothing: How to Break Away from Overworking, Overdoing and Underliving* (New York: Harmony Books, 2020), p.40.
19. Celeste Headlee, *Do Nothing: How to Break Away from Overworking, Overdoing and Underliving* (New York: Harmony Books, 2020), pp. xviii-xix.
20. Daniel Markovits, "How Life Became an Endless, Terrible Competition," *The Atlantic*, updated September 4, 2019.
21. Robert Putnam, "Social Capital: Measurement and Consequences," *Isuma: Canadian Journal of Policy Research* 2, Spring 2001 (2001): 41-51.
22. Julianne Jolt-Lunstad, et al., "Loneliness and Social Isolation as Risk Factors for Mortality: A Meta-Analytic Review," *Perspectives on Psychological Science* 10, no. 2 (March 2015): 227-237.
23. G. Oscar Anderson and Colette Thayer, "Loneliness and Social Connections: A National Survey of Adults 45 and Older," *AARP*, September 2018.
24. Ellie Polack, "New Cigna Study Reveals Loneliness at Epidemic Levels in America," *Cigna*, May 1, 2018.
25. Ellie Polack, "New Cigna Study Reveals Loneliness at Epidemic Levels in America," *Cigna*, May 1, 2018.
26. Manuela Barreto, et al., "Loneliness around the world: Age, gender, and cultural differences in loneliness," *Personality and Individual Differences* 169 (February 1, 2021).
27. National Academies of Sciences, Engineering, and Medicine, *Social Isolation and Loneliness in Older Adults: Opportunities for the Health Care System* (Washington, DC: The National Academies Press, 2020): p. 2.
28. Emily Buder, "The Voices of the Loneliness Epidemic," *The Atlantic*, March 10, 2020. As a 2012 article in *The Atlantic* about social media's effects on loneliness summarized the situation bleakly: "[W]ithin this world of instant and absolute communication, unbounded by limits of time or space, we suffer from unprecedented alienation. We have never been more detached from one another, or lonelier." Stephen Marche, "Is Facebook Making Us Lonely?" *The Atlantic*, May 2012.
29. Linda Stone, "Beyond Simple Multi-Tasking: Continuous Partial Attention," *LindaStone.net*, November 30, 2009.

30. Maria Elizabeth Loades, et al., "Rapid Systemic Review: The Impact of Social Isolation and Loneliness on the Mental Health of Children and Adolescents in the Context of COVID-19," *Journal of the American Academy of Child and Adolescent Psychiatry* 59, no. 11 (November 2020): 1218-1239. Catherine E. Robb, et al., "Associations of Social Isolation with Anxiety and Depression During the Early COVID-19 Pandemic: A Survey of Older Adults in London, UK," *Front Psychiatry* 11 (September 17, 2020).
31. Celeste Headlee, *Do Nothing: How to Break Away from Overworking, Overdoing and Underliving* (New York: Harmony Books, 2020), p. 53.
32. Ashley Whillans, *Time Smart: How to Reclaim Your Time and Live a Happier Life* (Cambridge Mass: Harvard Business Review Press, 2020), p. 16. I also recommend checking out: Brigid Schulte, *Overwhelmed: How to Work, Love and Play When No One Has the Time*, (New York: Sarah Crichton Books, 2014).
33. Ashley Whillans, *Time Smart: How to Reclaim Your Time and Live a Happier Life* (Cambridge Mass: Harvard Business Review Press, 2020), p. 15.
34. Ashley Whillans, *Time Smart: How to Reclaim Your Time and Live a Happier Life* (Cambridge Mass: Harvard Business Review Press, 2020), p. 19.
35. Ally Mintzer, "Paying Attention: The Attention Economy," *Berkeley Economic Review*, March 31, 2020. "Attention economy" was coined by economist and psychologist Herbert A. Simon, and "surveillance capitalism" was coined by Shoshana Zuboff, professor emerita at Harvard Business School and author of *The Age of Surveillance Capitalism: The Fight for a Human Future at the New Frontier of Power*.
36. Jaron Lanier, *Ten Arguments for Deleting Your Social Media Accounts Right Now* (New York: Henry Holt & Co. 2018), pp. 6-7.
37. Kartik Hosanagar, *A Human's Guide to Machine Intelligence: How Algorithms are Shaping Our Lives and How We Can Stay in Control* (New York: Viking, 2019), p. 34.
38. Tristan Harris, "The Slot Machine in Your Pocket," *Spiegel International*, July 27, 2016. Another great euphemism for "engagement" is "persuasive design." Many of the people who designed the most problematic apps trained at the Stanford Persuasive Technology Lab, where they learned how to use design elements to nudge people toward particular behaviors. It's worth noting that today, the Persuasive Technology Lab's website says that its purpose has moved on from persuasive technology to focusing on designing for "healthy behavior change," and makes a point of highlighting the work its researchers have done in regards to the *ethics* of design.
39. Mike Allen, "Sean Parker Unload on Facebook: 'God only knows what it's doing to our children's brains'," *Axios Media*, November 9, 2017.
40. Julie H. Aranda and Safia Baig, "Toward 'JOMO': the joy of missing out and the freedom of disconnecting," *MobileHCI '18: Proceedings of the 20th International Conference on Human-Computer Interaction with Mobile Devices and Services* 19 (September 2018): 1-8.
41. I first heard this description from Ramsay Brown, former Cofounder and Chief Operations Officer at a tech startup called Boundless Mind.
42. https://www.youtube.com/watch?v=J54k7WrbfMg "The inventors, creators [of Facebook and Instagram and other similar apps] . . . understood this consciously," he continued. "And *we did it anyway*." (Ominous emphasis his.)
43. Jaron Lanier, *Ten Arguments for Deleting Your Social Media Accounts Right Now* (New York: Henry Holt & Co. 2018), pp. 94.
44. He subsequently walked some of his comments back, but if you watch the video of the talk, his manner is so passionate and heartfelt that it is hard to believe that he did not mean what he was saying. https://www.youtube.com/watch?v=J54k7WrbfMg
45. Robert Sapolsky, *Why Zebras Don't Get Ulcers* (New York: Henry Holt and Co. 2004).
46. https://www.youtube.com/watch?v=J54k7WrbfMg
47. "Stress," *Psychology Topics*, American Psychological Association and APA.org.
48. Catherine Price, "Putting Down Your Phone May Help You Live Longer," *The New York Times*, April 24, 2019.
49. Brian K. Lee, et al., "Associations of Salivary Cortisol With Cognitive Function in the Baltimore Memory Study," *Archives of General Psychiatry* 34, no. 7 (2007): 810-818.
50. Shalini Misra, et al., "The iPhone Effect: The Quality of In-Person Social Interactions in the Presence of Mobile Devices," *Environment and Behavior* 48, no. 2 (2014): 275-298.
51. Eric R. Kandel, "The Molecular Biology of Memory Storage: A Dialog Between Genes and Synapses," *Nobel Lecture*, December 8, 2000, pp. 408 and 43 We know this thanks in large part to work by a scientist named Eric Kandel, who won the 2000 Nobel Prize in Physiology or Medicine for this discovery. I had an unusual chance to fact-check the idea that the distraction from phones could be affecting our ability to store long-term memories when I randomly sat across from Kandel on a train from Washington D.C. back to Philadelphia. Once I'd figured out who he was (which I'm still amazed that I managed to do), I let out an expletive, leapt across the aisle and knelt next to his seat. I then proceeded to ask him point blank: Could the distractions from our smartphones be impeding the formation of the proteins that we need for long term memories and, in so doing, having negative effects on our ability to think creative and independent thoughts? He thought about it for a second. "Yes," he said. "I think that would make sense." So there you have it: the most unexpected—and also most satisfying—fact-checking experience of my life.

52. Greg McKeown, *Essentialism: The Disciplined Pursuit of Less* (London: Virgin Books, 2014), p. 68.
53. https://www.youtube.com/watch?v=ji5_MqicxSo
54. "Stress," *Psychology Topics*, American Psychological Association and APA.org.
55. Jason Castra, "A Wandering Mind is an Unhappy One," *Scientific American*, November 24, 2010.
56. Solfrid Romundstad, MD, et al., "A 15-Year Follow-Up Study of Sense of Humor and Causes of Mortality," *Psychosomatic Medicine* 72, no. 3 (April 2016): 345-353.
57. Kaori Sakurada, et al., "Associations of Frequency of Laughter With Risk of All-Cause Mortality and Cardiovascular Disease Incidence in a General Population: Findings From the Yamagata Study," *Journal of Epidemiology* 30, no. 4 (2020): 188-193.
58. Julianne Holt-Lunstad, et al., "Loneliness and Social Isolation as Risk Factors for Mortality: A Meta-Analytic Review," *Perspectives on Psychological Science* 10, No. 2 (2015): 227-237.
59. Julianne Holt-Lunstad, et al., "Loneliness and Social Isolation as Risk Factors for Mortality: A Meta-Analytic Review," *Perspectives on Psychological Science* 10, No. 2 (2015): 227-237.
60. Gregory N. Bratman, et al., "Nature reduces rumination and sgPFC activation," *Proceedings of the National Academy of Sciences* 112, no. 28 (July 2015): 8567-8572.
61. Kathy Katella, "Why is Sitting so Bad for Us?", *Yale Medicine*, August 28, 2018.
62. Jason Castra, "A Wandering Mind is an Unhappy One," *Scientific American*, November 24, 2010.
63. Mara Gordon, "What's Your Purpose? Finding A Sense of Meaning in Life is Linked To Health," *NPR*, May 25, 2019.
64. Suzanne C. Thompson and Michèle M. Schlehofer, "Perceived Control," *National Cancer Institute: Behavioral Research Program*, September 24, 2020.
65. Stuart Brown (with Christopher Vaughan), P*lay: How it Shapes the Brain, Opens the Imagination, and Invigorates the Soul* (New York: Avery, 2010), p. 6.
66. Stuart Brown (with Christopher Vaughan), *Play: How it Shapes the Brain, Opens the Imagination, and Invigorates the Soul* (New York: Avery, 2010), p. 60..
67. Stuart Brown (with Christopher Vaughan), *Play: How it Shapes the Brain, Opens the Imagination, and Invigorates the Soul* (New York: Avery, 2010), p. 7.
68. Stuart Brown (with Christopher Vaughan), *Play: How it Shapes the Brain, Opens the Imagination, and Invigorates the Soul* (New York: Avery, 2010), p. 73
69. Johan Huizinga, *Homo Ludens* (Mansfield Center, CT: Martino Fine Books, 2014), p. 9.
70. Johan Huizinga, *Homo Ludens* (Mansfield Center, CT: Martino Fine Books, 2014), p. 3.
71. D.W. Winnicott, *Playing and Reality* (Oxfordshire, England: Routledge, 2005), pp. 2-73.
72. Stuart Brown (with Christopher Vaughan), *Play: How it Shapes the Brain, Opens the Imagination, and Invigorates the Soul* (New York: Avery, 2010), p. 107.
73. Robin Marantz Henig, "Taking Play Seriously," *The New York Times*, February 17, 2008.
74. Stuart Brown (with Christopher Vaughan), *Play: How it Shapes the Brain, Opens the Imagination, and Invigorates the Soul* (New York: Avery, 2010), p. 71.
75. Robin Marantz Henig, "Taking Play Seriously," *The New York Times*, February 17, 2008.
76. Hyo Jung De Smet, "The cerebellum: Its role in language and related cognitive and affective functions," *Brain and Language* 127, no. 3 (December 2013_: 334-342.
77. Caroline Adams Miller, *Creating Your Best Life: The Ultimate Life List Guide* (New York: Sterling, 2011), p. 172.
78. Miguel Sicart, *Play Matters* (Cambridge Mass: The MIT Press, 2017), p. 18.
79. Johan Huizinga, *Homo Ludens* (Mansfield Center, CT: Martino Fine Books, 2014), p. 8.
80. Johan Huizinga, *Homo Ludens* (Mansfield Center, CT: Martino Fine Books, 2014), p. 12.
81. Christopher M. Masi, "A Meta-Analysis of Interventions to Reduce Loneliness," *Personality and Social Psychology Review* 15, no. 3 (2011): 219-266.
82. John Cacioppo, *Loneliness: Human Nature and the Need for Social Connection* (New York: W.W. Norton & Company, 2009).
83. National Institute on Aging, "Social isolation, loneliness in older people pose health risks," *National Institute on Aging*, April 23, 2019. Perhaps unintuitively, the increase in the risk of dying early is especially pronounced for people under 65. And while you'd think that people would get lonelier with age, the Cigna survey found (and other research backs this up) that generation Z—as in, adults who at that point were 18–22 years old—was the "loneliest generation" and "claim[ed] to be in worse health than older generations."
84. National Academies of Sciences, Engineering, and Medicine, *Social Isolation and Loneliness in Older Adults: Opportunities for the Health Care System* (Washington, DC: The National Academies Press, 2020), p. 1. And: National Institute on Aging, "Social isolation, loneliness in older people pose health risks," *National Institute on Aging*, April 23, 2019.
85. National Academies of Sciences, Engineering, and Medicine, *Social Isolation and Loneliness in Older Adults: Opportunities for the Health Care System* (Washington, DC: The National Academies Press, 2020), p. 1.
86. National Institute on Aging, "Social isolation, loneliness in older people pose health risks," *National Institute on Aging*, April 23, 2019.

87. Stephen Marche, "Is Facebook Making Us Lonely?", *The Atlantic*, May 2012.
88. National Institute on Aging, "Social isolation, loneliness in older people pose health risks," *National Institute on Aging*, April 23, 2019.
89. Stephanie Cacioppo, et al., "Loneliness and implicit attention to social threat: A high-performance electrical neuroimaging study," *Cognitive Neuroscience* 7, no. 1-4 (2016): 138-159.
90. Julianne Holt-Lunstad, Timothy B. Smith & J. Bradley Layton, "Social Relationships and Mortality Risk: A Meta-analytic Review," *PLOS Medicine* 7, no. 7 (July 2010).
91. U.S. Department of Health Resources and Human Services, "The 'Loneliness Epidemic'," *eNews*, January 2019.
92. Jean M. Twenge, "Have Smartphones Destroyed a Generation?", *The Atlantic*, September 2017. Twenge is also the author of a provocative book called *iGen: Why Today's Super-Connected Kids Are Growing Up Less Rebellious, More Tolerant, Less Happy—And Completely Unprepared for Adulthood* (And What That Means for the Rest of Us.
93. Jean M. Twenge, *iGen: Why Today's Super-Connected Kids Are Growing Up Less Rebellious, More Tolerant, Less Happy—And Completely Unprepared for Adulthood (And What That Means for the Rest of Us)* (New York: Atria Books), p. 97. This data is drawn from the Monitoring the Future survey, funded by the National Institute on Drug Abuse. According to Twenge, it is designed to be nationally representative, and has asked 12th graders more than 1,000 questions every year since 1975 and queried 8th and 10th graders since 1991. The graphs in iGen show data stretching from 1991 to 2015.
94. Katherine Hobson, "Feeling Lonely? Too Much Time On Social Media May Be Why," *NPR*, March 6, 2017.
95. Kaitlyn Burnell, et al., "Passive social networking site use and well-being: The mediating roles of social comparison and the fear of missing out," *Cyberpsychology: Journal of Psychosocial Research on Cyberspace* 13, no. 3: article 5.
96. Ashley V. Whillans and Frances S. Chen, "Facebook undermines the social belonging of first year students," *Personality and Indivisual Difference* 133 (2018): 13-16.
97. Giovanni Novembre, Marco Zanon, and Giorgia Silani. "Empathy for social exclusion involves the sensory-discriminative component of pain: a within-subject fMRI study," *Social Cognitive and Affective Neuroscience* 10, no. 2 (February 2015): 153-164.
98. Stephen Marche, "Is Facebook Making Us Lonely?", *The Atlantic*, May 2012.
99. National Academies of Sciences, Engineering, and Medicine, *Social Isolation and Loneliness in Older Adults: Opportunities for the Health Care System* (Washington, DC: The National Academies Press, 2020).
100. Jennifer Senior, *All Joy and No Fun: The Paradox of Modern Parenthood* (New York: Ecco, 2015), p. 243.
101. The study is part of the Harvard Study of Adult Development, and only included men partly because, at the time, Harvard was all-male; the most recent version of the study now includes women, too, as well as the original participants' offspring.
102. Liz Mineo, "Harvard study, almost 80 years old, has proved that embracing community helps us live longer and be happier," *The Harvard Gazette*, April 11, 2017.
103. Liz Mineo, "Harvard study, almost 80 years old, has proved that embracing community helps us live longer and be happier," *The Harvard Gazette*, April 11, 2017.
104. Liz Mineo, "Harvard study, almost 80 years old, has proved that embracing community helps us live longer and be happier," *The Harvard Gazette*, April 11, 2017.
105. Rebecca Joy Stanborough, "Smiling with Your Eyes: What Exactly is a Duchenne Smile?", *Healthline*, June 29, 2019.
106. Gillian M. Sandstrom, "Social interactions and well-being: the surprising power of weak ties," PhD diss., University of British Columbia (Vancouver), August 2013.
107. K.L. Wolf and K. Flora, "Mental Health and Function – A Literaure Review," *Green Cities: Good Health*, 2010.
108. Kari Leibowitz, "What Scandinavians Can Teach Us About Embracing Winter", *The New York Times*, October 15, 2020.
109. Arnold B. Bakker, "Flow among music teachers and their students: The crossover of peak experiences," *Journal of Vocational Behavior* 66 (2005): 26-44.
110. Mihaly Csikzentmihalyi, *Flow: The Psychology of Optimal Experience* (New York: Harper Perennial Modern Classics, 2008), p. 12.
111. Mihaly Csikzentmihalyi, *Flow: The Psychology of Optimal Experience* (New York: Harper Perennial Modern Classics, 2008), p. 12.
112. Mihaly Csikzentmihalyi, *Flow: The Psychology of Optimal Experience* (New York: Harper Perennial Modern Classics, 2008), p. 3.
113. Mihaly Csikzentmihalyi, *Flow: The Psychology of Optimal Experience* (New York: Harper Perennial Modern Classics, 2008), p. 14.
114. Hector Garcia and Francesc Miralles, *Ikigai: The Japanese Secret to a Long and Healthy Life* (New York: Penguin Life, 2017), p. 11.
115. Hector Garcia and Francesc Miralles, *Ikigai: The Japanese Secret to a Long and Healthy Life* (New York: Penguin Life, 2017), p. 4.
116. Hector Garcia and Francesc Miralles, *Ikigai: The Japanese Secret to a Long and Healthy Life* (New York: Penguin Life, 2017), p. 2.

117. Hector Garcia and Francesc Miralles, *Ikigai: The Japanese Secret to a Long and Healthy Life* (New York: Penguin Life, 2017), p. 86.
118. Hector Garcia and Francesc Miralles, *Ikigai: The Japanese Secret to a Long and Healthy Life* (New York: Penguin Life, 2017), p. 118
119. .Hector Garcia and Francesc Miralles, *Ikigai: The Japanese Secret to a Long and Healthy Life* (New York: Penguin Life, 2017), p. 113.
120. Lee S. Berk DHSc, MPH, et al., "Neuroendocrine and Stress Hormone Changes During Mirthful Laughter," *The American Journal of the Medical Sciences* 298, no. 6 (December 1989): 390-396. and Richard Schiffman, "Laughter May Be Effective Medicine for These Trying Times," *The New York Times*, October 1, 2020.
121. Kaori Sakurada, et al., "Associations of Frequency of Laughter With Risk of All-Cause Mortality and Cardiovascular Disease Incidence in a General Population: Findings From the Yamagata Study," *Journal of Epidemiology* 30, no. 4 (2020): 188-193.
122. Michael Miller, MD, and William F. Fry, MD, "The effect of mirthful laughter on the human cardiovascular system," *Medical Hypothesis* 73, no. 5 (November 2009): 636-639.
123. Viktor E. Frankl, *Man's Search for Meaning* (Boston, Mass.: Beacon Press, 1992), p. 54.
124. Richard Schiffman, "Laughter May Be Effective Medicine for These Trying Times", *The New York Times*, October 1, 2020.
125. Gurinder Singh Bains, MD, et al., "The Effect of Humor on Short-term Memory in Older Adults: A New Component for Whole-Person Wellness," *Advances Journal* 28, no. 2 (Spring 2014): 16-24. and Brian K. Lee, et al., "Associations of Salivary Cortisol with Cognitive Function in the Baltimore Memory Study," *Archives of General Psychiatry* 34, no. 7 (2007): 810-818.
126. R. I. M. Dunbar, et al., "Social laughter is correlated with an elevated pain threshold," *Proceedings of the Royal Society B* 279 (2012): 1161-1167.
127. R. I. M. Dunbar, et al., "Social laughter is correlated with an elevated pain threshold," *Proceedings of the Royal Society B* 279 (2012): 1161-1167.
128. Kari A. Phillips, "Humor During Clinical Practice: Analysis of Recorded Clinical Encounters," *The Journal of the American Board of Family Medicine* 31, no. 2 (March 2018): 270-278.
129. Doris G. Bazzini, et al., "The Effect of Reminiscing about Laughter on Relationship Satisfaction," *Motivation and Emotion* 31 (20017): 25-34.
130. American Physiological Society, "Anticipating A Laugh Reduces our Stress Hormones, Study Shows," *ScienceDaily*, April 10, 2008. Also, "When we laugh, our brains release a cocktail of hormones that make us feel happier (dopamine), more trusting (oxytocin), less stressed (lowered cortisol) and even slightly euphoric (endorphins)," Stanford University professors Jennifer Aaker and Naomi Bagdonas write in their book, *Humor, Seriously*. "By working humor into our professional interactions, we can serve our colleagues this powerful hormone cocktail, and in so doing we can literally change their—and our—brain chemistry on the spot." (*Humor, Seriously*, p. 43)
131. Jennifer Aaker and Naomi Bagdonas, *Humour, Seriously: Why Humour is a Superpower at Work and in Life* (New York: Currency, 2020), p. 168. Or, if you'd prefer a more historical perspective, "One hearty laugh together will bring enemies into a closer communion of heart than hours spent on both sides in inward wrestling with the mental demon of uncharitable feeling," wrote 19th century psychologist William James in *The Gospel of Relaxation*. https://www.uky.edu/~eushe2/Pajares/jgospel.html
132. R. I. M. Dunbar, et al., "Social laughter is correlated with an elevated pain threshold" *Proceedings of the Royal Society B* 279 (2012): 1161-1167.
133. American Physiological Society, "Anticipating A Laugh Reduces our Stress Hormones, Study Shows," *ScienceDaily*, April 10, 2008.
134. Barbara L. Fredrickson, "The broaden-and-build theory of positive emotions," *Philosophical Transactions of the Royal Society B* 359 (2004): 1367-1377.
135. Martin Seligman, *Flourish: A Visionary New Understanding of Health and Wellbeing* (New York: Atria Paperback, 2011), p. 24.
136. Celeste Headlee, *Do Nothing: How to Break Away from Overworking, Overdoing and Underliving* (New York: Harmony Books, 2020), p. xvii.
137. Celeste Headlee, *Do Nothing: How to Break Away from Overworking, Overdoing and Underliving* (New York: Harmony Books, 2020), p. xvii-xviii.
138. Martin Seligman, *Flourish: A Visionary New Understanding of Health and Wellbeing* (New York: Atria Paperback, 2011), p. 112.
139. Alex Soojung-Kim Pang, *Rest: Why You Get More Done When You Work* Less (New York: Basic Books, 2018), p. 14.
140. Alex Soojung-Kim Pang, *Rest: Why You Get More Done When You Work* Less (New York: Basic Books, 2018), p. 11.
141. Jennifer Aaker and Naomi Bagdonas, *Humour, Seriously: Why Humour is a Superpower at Work and in Life* (New York: Currency, 2020), p. 49.
142. Charles J. Limb and Allen R. Braun, "Neural Substrates of Spontaneous Musical Performance: An fMRI Study of Jazz Improvisation," *PLoS ONE* 3, no. 2 (February 27, 2008): e1679.

143. Claudia Kalb, "What Makes a Genius?" *National Geographic Magazine*, May 2017.
144. David Epstein, *Range: Why Generalists Triumph in a Specialized World* (New York: Riverhead Books, 2019), p. 273.
145. Barbara L. Fredrickson, "The broaden-and-build theory of positive emotions," *Philosophical Transactions of the Royal Society B* 359 (2004): 1367-1377.
146. Barbara L. Fredrickson, "The broaden-and-build theory of positive emotions," *Philosophical Transactions of the Royal Society B* 359 (2004): 1367-1377.
147. Barbara L. Fredrickson, "The broaden-and-build theory of positive emotions," *Philosophical Transactions of the Royal Society B* 359 (2004): 1367-1377.
148. Barbara L. Fredrickson, "The broaden-and-build theory of positive emotions," *Philosophical Transactions of the Royal Society B* 359 (2004): 1367-1377.
149. Barbara L. Fredrickson, "The broaden-and-build theory of positive emotions," *Philosophical Transactions of the Royal Society B* 359 (2004): 1367-1377..
150. Caroline Adams Miller, *Creating Your Best Life: The Ultimate Life List Guide* (New York: Sterling, 2011), p. 67.
151. Caroline Adams Miller, *Creating Your Best Life: The Ultimate Life List Guide* (New York: Sterling, 2011), p. 19.
152. Greg McKeown, Essentialism: The Disciplined Pursuit of Less (London: Virgin Books, 2014), p. 10.
153. Bertrand Russell, "In Praise of Idleness," *Harper's Magazine*, October 1932.
154. Seth Margolis and Sonja Lyubomirsky, "Experimental manipulation of extraverted and introverted behavior and its effects on well-being," *Journal of Experimental Psychology: General* 149, no. 4 (2020): 719-731.
155. Harry T. Reis, Stephanie D. O'Keefe, and Richard D. Lane, "Fun is More Fun When Others Are Involved," *Journal of Positive Psychology* 12, no. 6 (2017): 547-557.
156. Martin Seligman, *Flourish: A Visionary New Understanding of Health and Wellbeing* (New York: Atria Paperback, 2011), p. 20.
157. Stanley Aronowitz, and William DiFazio, *The Jobless Future* (Minneapolis, Minnesota: University of Minnesota Press, 1994), p. 336.
158. Taffy Brodesser-Akner, "Marie Kondo, Tidying Up and the Ruthless War of Stuff," *The New York Times Magazine*, July 6, 2016.
159. Libby Sander, "The Case for Finally Cleaning Your Desk," *Harvard Business Review*, March 25, 2019.
160. Maria Konnikova, "The Limits of Friendship," *The New Yorker*, October, 2014.
161. Viktor E. Frankl, *Man's Search for Meaning* (Boston, Mass.: Beacon Press, 1992), p. 112.
162. Bertrand Russell, "In Praise of Idleness," *Harper's Magazine*, October 1932.
163. Bertrand Russell, "In Praise of Idleness," *Harper's Magazine*, October 1932.
164. Eve Rodsky, *Fair Play: A Game-Changing Solution for When You Have Too Much to Do (and More Life to Live)* (New York: G.P. Putnam's Sons, 2019), p. 102.
165. Stuart Brown (with Christopher Vaughan), *Play: How it Shapes the Brain, Opens the Imagination, and Invigorates the Soul* (New York: Avery, 2010), p. 211.
166. Margaret Talbot, "Is it Really Too Late to Learn New Skills?" *The New Yorker*, January 11, 2021.
167. Jenny Hansell, "Perspective," *Yale Alumni Magazine*, January/February 2021.
168. Stuart Brown (with Christopher Vaughan), *Play: How it Shapes the Brain, Opens the Imagination, and Invigorates the Soul* (New York: Avery, 2010), p. 212.
169. Thomas Curran and Andrew P. Hill, "Perfectionism Is Increasing, and That's Not Good News," *Harvard Business Review*, January 28, 2018.
170. Thomas Curran and Andrew P. Hill, "Perfectionism Is Increasing, and That's Not Good News," *Harvard Business Review*, January 28, 2018.
171. Thomas Curran and Andrew P. Hill, "Perfectionism is increasing over time: A meta-analysis of birth cohort differences from 1989 to 2016," *Psychological Bulletin* 145, no. 4 (2019): 410-429.
172. Thomas Curran and Andrew P. Hill, "Perfectionism Is Increasing, and That's Not Good News," *Harvard Business Review*, January 28, 2018.
173. Margaret Talbot, "Is it Really Too Late to Learn New Skills?" *The New Yorke*r, January 11, 2021.
174. Jennifer Aaker and Naomi Bagdonas, *Humour, Seriously: Why Humour is a Superpower at Work and in Life* (New York: Currency, 2020), p. 29.
175. Tina Fey, *Bossypants* (New York: Little, Brown and Company, 2011), p. 84.
176. René T. Proyer, et al., "Can Playfulness be Stimulated? A Randomised Placebo-Controlled Online Playfulness Intervention Study on Effects on Trait Playfulness, Well-Being, and Depression," *Applied Psychology: Health and Well-Being* 13, no. 1 (2021): 129-151.
177. Martin Seligman, *Flourish: A Visionary New Understanding of Health and Wellbeing* (New York: Atria Paperback, 2011), p. 38.
178. Greater Good in Action, "Three Good Things," *Greater Good Science Center* at UC Berkeley and HopeLab. Martin Seligman in *Flourish* on p. 33 just calls this What-Went-Well and describes it as "write down three things that went well today and why they went well" Then next to each positive event answer the question "Why did this happen?"

179. If you're looking for a productive and interesting diversion, there are free "signature strengths" questionnaires available online.
180. René T. Proyer, et al., "Can Playfulness be Stimulated? 1 (2021): 129-151.
181. René T. Proyer, et al., "Can Playfulness be Stimulated? A Randomised Placebo-Controlled Online Playfulness Intervention Study on Effects on Trait Playfulness, Well-Being, and Depression," *Applied Psychology: Health and Well-Being* 13, no. 1 (2021): 129-151.
182. Gillian M. Sandstrom, "Social interactions and well-being: the surprising power of weak ties," PhD diss., University of British Columbia (Vancouver), August 2013.
183. Kostadin Kushlev, et al., "Smartphones reduce smiles between strangers," *Computers in Human Behavior* 91 (February 2019): 12-16.
184. Jill Suttie, "How Phones Compromise Our Ability to Connect," *Greater Good Science Center Magazine*, January 30, 2019.
185. Stuart Brown (with Christopher Vaughan), *Play: How it Shapes the Brain, Opens the Imagination, and Invigorates the Soul* (New York: Avery, 2010), p. 161.
186. Jordi Quoidbach,, et al, "Positive emotion regulation and well-being: Comparing the impact of eight savoring and dampening strategies," *Personality and Individual Differences* 49, no. 5 (October 2010): 368-373.
187. Matthew A Killingsworth and Daniel T. Gilbert, "A Wandering Mind Is an Unhappy Mind," *Science* 330 (2010): 932.
188. Ross Gay, *The Book of Delights* (Chapel Hill, N.C.: Algonquin Books, 2019).
189. Jennifer Aaker and Naomi Bagdonas, *Humour, Seriously: Why Humour is a Superpower at Work and in Life* (New York: Currency, 2020), p. 38.
190. Stacey Kennelly, "10 Steps to Savoring the Good Things in Life," *Greater Good Science Center Magazine*, July 23, 2012.
191. Jordi Quoidbach,, et al, "Positive emotion regulation and well-being: Comparing the impact of eight savoring and dampening strategies," *Personality and Individual Differences* 49, no. 5 (October 2010): 368-373.
192. Miguel Sicart, *Play Matters* (Cambridge Mass: The MIT Press, 2017), p. 7-8.
193. Johan Huizinga, *Homo Ludens* (Mansfield Center, CT: Martino Fine Books, 2014), p. 9.
194. Priya Parker, *The Art of Gathering: How We Meet and Why It Matters* (New York: Penguin Business, 2019), p. 120.
195. Priya Parker, *The Art of Gathering: How We Meet and Why It Matters* (New York: Penguin Business, 2019), p. x.
196. Priya Parker, *The Art of Gathering: How We Meet and Why It Matters* (New York: Penguin Business, 2019), p. xiv.
197. Miguel Sicart, *Play Matters* (Cambridge Mass: The MIT Press, 2017), p. 7.
198. Johan Huizinga, *Homo Ludens* (Mansfield Center, CT: Martino Fine Books, 2014), p. 42.
199. Johan Huizinga, *Homo Ludens* (Mansfield Center, CT: Martino Fine Books, 2014), p. 12.
200. Johan Huizinga, *Homo Ludens* (Mansfield Center, CT: Martino Fine Books, 2014), p. 12.
201. Ingrid Fetell Lee, *Joyful: The Surprising Power of Ordinary Things to Create Extraordinary Happiness* (New York: Little, Brown Spark, 2018), pp. 5-6.
202. The initial version of this sentence read, "Never underestimate the fun-generating potential of balls." But then several friends, who apparently are just as immature as I am, told me that they laughed out loud upon reading that sentence and found its testicular implications to be distracting. I ended up changing it in the main text, but am including the original version here, in an end note, as a juvenile reward for anyone who bothers to read citations.
203. Johan Huizinga, *Homo Ludens* (Mansfield Center, CT: Martino Fine Books, 2014), p. 11. And that, my friends, is a *fascinating etymology*.
204. Jennifer Aaker and Naomi Bagdonas, *Humour, Seriously: Why Humour is a Superpower at Work and in Life* (New York: Currency, 2020), p. 233.
205. William James, *Talks to Teachers on Psychology: And to Students on Some of Life's Ideals* (New York: Henry Holt and Company, 1899), pp. 199-228. https://www.uky.edu/~eushe2/Pajares/jgospel.html
206. Stuart Brown (with Christopher Vaughan), *Play: How it Shapes the Brain, Opens the Imagination, and Invigorates the Soul* (New York: Avery, 2010), p. 193.
207. Johan Huizinga, *Homo Ludens* (Mansfield Center, CT: Martino Fine Books, 2014), p. 8.
208. Jennifer Senior, All Joy and No Fun: The Paradox of Modern Parenthood (New York: Ecco, 2015), p. 99.
209. Jennifer Senior, All Joy and No Fun: The Paradox of Modern Parenthood (New York: Ecco, 2015), p. 98.
210. William James, *Principles of Psychology* (New York: Henry Holt and Company, 1890), p. 625.
211. Johan Huizinga, *Homo Ludens* (Mansfield Center, CT: Martino Fine Books, 2014), p. 8.
212. Johan Huizinga, *Homo Ludens* (Mansfield Center, CT: Martino Fine Books, 2014), p. 12.
213. Miguel Sicart, *Play Matters* (Cambridge Mass: The MIT Press, 2017), p. 2.
214. Alex Soojung-Kim Pang, *Rest: Why You Get More Done When You Work Less* (New York: Basic Books, 2018), p. 10.
215. Caroline Adams Miller, Creating Your Best Life: The Ultimate Life List Guide (New York: Sterling, 2011), p. 205.
216. Caroline Adams Miller, Creating Your Best Life: The Ultimate Life List Guide (New York: Sterling, 2011), p. 162.
217. Leaf van Boven, "Experientialism, materialism, and the pursuit of happiness," *Review of General Psychology* 9, no. 2 (2005): 132-142.
218. "Experientialism, materialism, and the pursuit of happiness," *Review of General Psychology* 9, no. 2 (2005): 132-142.

219. Julie H. Aranda and Safia Baig, "Toward 'JOMO': the joy of missing out and the freedom of disconnecting," *MobileHCI '18: Proceedings of the 20th International Conference on Human-Computer Interaction with Mobile Devices and Services* 19 (September 2018): 1-8.
220. Stuart Brown (with Christopher Vaughan), *Play: How it Shapes the Brain, Opens the Imagination, and Invigorates the Soul* (New York: Avery, 2010), p. 213.
221. Ashley Whillans, *Time Smart: How to Reclaim Your Time and Live a Happier Life* (Cambridge, Mass: Harvard Business Review Press, 2020), p. 87.

FUN 的力量

釋放「快樂」的強大能量，讓自己輕鬆幸福，成為有趣的人，整個人活了過來

THE POWER OF FUN HOW TO FEEL ALIVE

作者　凱薩琳・普萊斯（Catherine Price）
譯者　林佩姬
行銷企畫　劉妍伶
執行編輯　陳希林
封面設計　周家瑤
版面構成　綠貝殼資訊有限公司

發行人　王榮文
出版發行　遠流出版事業股份有限公司
地址　104005 臺北市中山區中山北路 1 段 11 號 13 樓
客服電話　02-2571-0297
傳真　02-2571-0197
郵撥　0189456-1
著作權顧問　蕭雄淋律師

2023 年 10 月 01 日　一版一刷
定價　新台幣 399 元（如有缺頁或破損，請寄回更換）

ISBN　978-626-361-236-5
遠流博識網　http://www.ylib.com　E-mail: ylib@ylib.com

The Power of Fun: How to Feel Alive Again
By Catherine Price

遠流出版公司

國家圖書館出版品預行編目（CIP）資料

FUN 的力量：釋放「快樂」的強大能量，讓自己輕鬆幸福，成為有趣的人，整個人活了過來：how to feel alive／凱薩琳・普萊斯（Catherine Price）著；林佩姬譯 . -- 一版 . -- 臺北市：遠流出版事業股份有限公司，2023.10
320 面；14.8×21 公分
譯自：The power of fun : how to feel alive again
ISBN 978-626-361-236-5（平裝）
1. CST：快樂　2. CST：生活指導
176.51　112014511